"讲好中国故事"系列丛书

# 孟子故事

○总 主 编 单承彬
○本书编著 杨 峰

山东城市出版传媒集团·济南出版社

图书在版编目（CIP）数据

孟子故事/杨峰编著.——济南：济南出版社，2017.11

（"讲好中国故事"系列丛书/单承彬主编）

ISBN 978-7-5488-2857-0

Ⅰ.①孟… Ⅱ.①杨… Ⅲ.①儒家 ②《孟子》—通俗读物 Ⅳ.①B222.5-49

中国版本图书馆 CIP 数据核字（2017）第 286852 号

| | |
|---|---|
| 出 版 人 | 崔　刚 |
| 丛书策划 | 冀瑞雪 |
| 责任编辑 | 李廷婷 |
| 封面设计 | 侯文英 |
| 封面插图 | 王承山 |

| | |
|---|---|
| 出版发行 | 济南出版社 |
| 地　　址 | 济南市二环南路 1 号（250002） |
| 编辑热线 | 0531-86131747 |
| 发行热线 | 82709072　86131747　86131729　86131728（发行部） |
| 印　　刷 | 山东新华印刷厂潍坊厂 |
| 版　　次 | 2018 年 3 月第 1 版 |
| 印　　次 | 2018 年 3 月第 1 次印刷 |
| 成品尺寸 | 160mm×220mm　16 开 |
| 印　　张 | 10 |
| 字　　数 | 130 千 |
| 印　　数 | 1—10000 册 |
| 定　　价 | 32.00 元 |

（济南版图书，如有印装错误，请与出版社联系调换。联系电话：0531-86131736）

## 丛书编纂委员会

**总 主 编** 单承彬

**本书编著** 杨　峰

**丛书编委会**（按姓氏笔画排序）

　　　　　　王　斌　刘富伟　孙　刚　李杰俊

　　　　　　李晓红　杨　峰　张庆伟　单天罡

　　　　　　单承彬　段　宁　徐雪辉　焦福民

# 总　序

　　几年前,印度尼西亚华人学校的几位校长来曲阜做短期研修,经常到我这里聊一些他们工作、生活上的事情。其中,谈论最多的,是他们从事华文教育的困惑。在印度尼西亚,教华人少年学习汉语,并不是最大的困难。在中国,孩子们每天都沉浸在华夏文化里面,平时衣食住行,耳染目濡,无非中华文化,文化教育在潜移默化中即可实现。但是,在印度尼西亚,却不具备这样的环境,汉语教育多与日常生活脱节。所以,他们遇到的最大困惑,是如何把文化教育有效地渗透到语言教学当中。

　　针对这一问题,我们曾设想,可以把中华文化的经典名著改编成故事的形式,便于华文学校的教师、学生阅读使用。这样,就能很容易地拉近读者与中华文化的距离。我建议,可以先从最简易处做起,把唐诗宋词、"四大名著"和传统经典戏曲里面适合海外少年接受的内容抽绎出来,写成通俗易读的短篇故事,辅以插图、注音和浅近的释义,篇幅不要大,内容不要深,但形式必须十分活泼,重点是突出反映中华民族的核心理念。

　　之后,大家便分头准备,动手工作。我约请了几位在学校工作的同道,详细讨论编纂方案。校长们回国后联系出版商,计划将来在印度尼西亚出版发行。由于其他一些原因,此事后来并未成功,唐诗部分、《西游记》和几部古典戏曲的故事样稿却已经完成,一直放在那里。不过，采用讲故事的方式，开展华夏文化教育的想法，并没有因此而放弃。

最近几年，尤其是党的"十八大"以来，以习近平同志为核心的党中央，十分注重文化建设和文化发展。习主席多次发表重要讲话，号召弘扬优秀传统文化，开展中华传统文化教育。他指出：讲中国故事是时代命题，讲好中国故事是时代使命。当中国与故事关联时，中国就不是一般的中国，故事也不是一般的故事。中华民族数千年的文化、文明发展史，就是一部美不胜收的"中国故事汇"，其中的文化典籍，是这些故事的重要载体。

几年来，我们从事国学经典教育的实践证明，引导青少年学习、阅读中华文化经典，是开展优秀传统文化教育十分有效的重要途径。而且，从中国教育史的角度看，传统蒙学正是把经史子集中的核心内容，通过便于儿童识记、诵习的简易形式，春风化雨般渗透到教材当中，知识教育和文化教育水乳交融，收到了良好的效果。

因此，我们从众多文化典籍中，遴选出50部大家公认的经典，编纂了这套"讲好中国故事"系列丛书，以故事的形式进行经典教育。本套丛书计划分辑出版，根据难易程度搭配，每辑10种，共5辑。

单承彬
2017年9月28日于孔子故里

# 目 录

序　言 ／005

1. 君子不言利 ／011
2. 五十步笑百步 ／015
3. 王道之始 ／019
4. 率兽而食人 ／023
5. 保民而王 ／027
6. 不为也，非不能也 ／031
7. 推恩足以保四海 ／034
8. 缘木求鱼 ／037
9. 与民同乐 ／041
10. 流连荒亡之忧 ／045
11. 乐以天下，忧以天下 ／049
12. 齐人伐燕 ／053
13. 出乎尔者，反乎尔者也 ／058
14. 浩然之气 ／061
15. 何谓大勇 ／065
16. 自求多福 ／069
17. 四端说 ／073
18. 得道者多助，失道者寡助 ／077
19. 孟子葬母 ／080
20. 贱丈夫 ／084
21. 舍我其谁 ／088
22. 上有所好，下必甚焉 ／092
23. 为富不仁，为仁不富 ／096
24. 劳心者治人，劳力者治于人 ／100
25. 物之不齐，物之情也 ／104

26. 何谓大丈夫 / 108
27. 一傅众咻 / 111
28. 廉士陈仲子 / 114
29. 没有规矩，不成方圆 / 118
30. 曾子、子思同道 / 122
31. 艺成害师 / 125
32. 齐人骄其妻妾 / 128
33. 顺于父母，可以解忧 / 131
34. 得其所哉 / 134
35. 以意逆志 / 137
36. 金声玉振 / 140
37. 人性善恶论 / 143
38. 一曝十寒 / 147
39. 舍生取义 / 150
40. 君子三乐 / 153

# 序　言

　　这个故事集是围绕着《孟子》这部书展开的，希望通过这样一部故事集，让读者了解、熟悉《孟子》这部书的基本知识，以及孟子通过这部书想要表达的基本理念和思想。

　　本书中的故事是依照《孟子》七篇的顺序来编写的。每个故事包括原文、"注释""译文"和"知识拓展"。特别需要说明的是，面对浩如烟海的优秀历史故事，可用的史料数不胜数，但是基于本书编写的主旨和目的是帮助小读者更好地了解和熟悉《孟子》一书，所以"知识拓展"部分主要摘用了《孟子》一书的相关章节，让大家体会到《孟子》一书所表达的孟子思想理念的融会贯通、一以贯之的特点。

　　围绕孟子思想的王道、仁政、浩然之气、舍生取义、性本善、大丈夫等几个主要方面，本书40个故事的主要安排大致如下：

　　1—4　　孟子与梁惠王的故事

　　5—9、11—12、38　孟子与齐宣王的故事

　　10　　齐景公的故事

　　13　　邹鲁之战的故事

　　14—15　公孙丑请教孟子的故事

　　16　　孟子与学生谈论仁政的故事

　　17　　公都子请教孟子的故事

18—21、29、39—40　孟子讲解自己主张的故事和他自己的生活经历的故事

22—23　孟子与滕文公的故事

24—26　孟子和农家（24、25）、纵横家（26）论辩的故事

27　孟子和宋国大臣戴不胜的故事

28　孟子答匡章的故事（评价廉士的故事）

30、36　孟子评价儒家先哲的故事

31　公明仪请教孟子的故事

32　真君子的故事

33—34　万章请教孟子的故事

35　咸丘蒙请教孟子的故事

37　告子和孟子论辩的故事

《孟子·万章下》讲道："颂其诗，读其书，不知其人，可乎？是以论其世也。"同样，我们学习《孟子》一书也应该了解孟子这个人的基本情况，才能更好地解读他的著作《孟子》。

首先我们看看，孟子生活在历史上的哪个时间段。

从目前的史料来看，关于孟子的生卒年，我们都不能确定。孟子大概生于前372年，死于前289年，大概活了84岁。这个时期是中国历史上的战国中后期。这一时期诸侯纷争，大国吞并小国，战争不断，形成了著名的战国七雄：齐、楚、燕、韩、赵、魏、秦。司马迁的《史记·孟子荀卿列传》记载："天下方务于合纵连横，以攻伐为贤。""合纵连横"指当时各国的军事、外交战略策略。"合纵"指弱国联合抵抗一个强国，以防止强国的兼并，主要指六国诸侯联合，一起对抗强大的秦国。"连横"指用远交近攻的谋略，秦国分别与六国中的一国或是几国结盟，各个击破，瓦解六国的联合。最终秦利用"连横"的策略，灭六国，统一了中国。这个时候各诸侯国看重的是权谋和武力，而不是道义。所以，"圣王不作，诸侯放恣，处士横议"（《孟子·滕文公下》）；天下"争地以战，杀人盈

野；争城以战，杀人盈城"（《孟子·离娄下》）。这就是孟子生活的历史时期：诸侯争霸，百家争鸣，生灵涂炭，民不聊生。这些造就了孟子能言善辩的威名，也促使他更加坚定了培养自己浩然正气的决心和坚持以民为贵、民胞物与的意志。

我们再来看看孟子的主要人生经历，看看哪些经历对他成长为伟大的思想家起到了重要的作用。孟子，名轲，邹国（今山东省邹城东南）人。

母亲作为孩子的第一导师，是帮助一个孩童成长成有作为之人的关键人物。孔子的母亲颜徵（zhēng）在，孟子的母亲仉（zhǎng）氏就是代表性的母亲。孔子和孟子都是早年丧父，由母亲教养成人。孔子3岁丧父，17岁丧母后，独立面对世间的一切，却让自己成为一代圣人，这与其母亲17年呕心沥血的教导有很大的关系。孟子的母亲更是留下了流传千古的"孟母三迁"的故事。为了让年幼的孟子一心向学，成长为谦谦君子，生活困苦的孟母战胜各种困难，三次搬家，最后在学宫附近，看到孟子学习知荣辱和廉耻的礼仪和在朝廷上鞠躬行礼及进退的礼节，才放心地定居下来。

大概15岁时，孟子向子思的门人学习儒家思想等知识。

孟子约20岁时，虽然他已经比母亲更有学识了，但是这时候孟子母亲对他的教导依然很重要。有一次，孟子的妻子独自一人在屋里，伸开两腿坐着，四仰八叉，很不礼貌。孟子进屋看见妻子这个样子，对母亲说："我的妻子不讲礼仪，请允许我休了她。"孟母说："为什么？"孟子说："她伸开两腿坐着。"孟母问："你怎么知道的？"孟子说："我亲眼看见的。"孟母说："这就是你没礼貌，不是妇人没礼貌。《礼记》上不是说了吗，'将要进屋的时候，先问屋中有谁在里面；将要进入厅堂的时候，必须先高声传扬，让里面的人知道；将进屋的时候，必须眼往下看。'这么做为的是不让屋里的人没准备。现在你到妻子闲居休息的地方，进屋没有声响，也不先喊一声，硬闯进去，她又不知道你进来了。所以你才看到了她两腿伸开坐着的样子。这是你没礼貌，并非是你妻子没礼貌！"母亲这样一通批评后，孟子认识到自己错了，不仅没有休掉自己的妻子，之后做事反而更加谨慎谦虚，遇到事情总是先反思，看看自己有没有做的不恰当的地方。

孟子谦虚好学，日益精进学问，不知不觉已经到了 40 岁。这时他在邹国，并逐渐被大家重视，甚至邹国国君邹穆公也找他请教问题。曹国君主的弟弟曹交这个时候到邹国来，和孟子讨论了著名的"人皆可以为尧舜"的问题后，非常想做孟子的弟子。孟子跟他说，好学的人处处都能找到好老师，建议他回到自己的国家好好学习。

这个时候，孟子曾到任国游历，推行王道。孟子游历的早期，常用类推方式说明推行仁政的必要性，先举一两个例子，再推出自己要说明的道理。这与他后来寻求从本性善出发，自然而然地实行仁德行为的论证方式有一定的差别。这就反映了孟子思想的发展、变化。所以说，伟大的人物不是一天养成的。我们需要不断学习，不断反思，不断精进，从而成就自我。

孟子约 43 岁时，第一次游历到齐国，居住在齐国的平陆这个地方。当时齐国是东方强国，并且当政的齐威王重视人才，所以孟子才带领学生来到齐国。但是齐威王看重的人才是能冲锋陷阵的猛将，或是用强硬的手段治国的贤者。他对孟子这种主张施行仁政的人并不感兴趣。因此，孟子一直没有得到齐威王的重用，他也没有发表什么重要的言论，所以《孟子》七篇中没有记载他与齐威王的对话。

孟子在齐国时，与告子就人性善恶、生之谓性、仁内义外等问题展开过辩论。在辩论中，孟子还有一些不成熟的说法，所以说四十多岁时候的孟子的思想理念体系还不是很完善。

孟子在齐国得不到重用，他听说宋国的宋偃王比较信服仁政的思想，便决定到宋国去。孟子离开齐国的时候，他没有接受齐威王馈赠的比平常金子价值要高数倍的一百"兼金"，他认为这是齐威王想收买他。对于孟子来说，接收不认可他的理论主张的人的财物是可耻的，等于出卖自己的灵魂，他认为作为君子是不能被收买的。

孟子约45岁时来到宋国，他积极帮助宋王推行仁政，但宋王对仁政也是缺乏诚意的，孟子的许多主张因此得不到施行。于是孟子离开宋国，在由薛归邹的途中遇到危险，因为绝粮，差点儿饿死途中。

大约47岁时，孟子回到邹国。

孟子在宋国时，与宋人勾践谈论游说君主之道，提出了著名的"穷则独善其身，达则兼善天下"的理论。孟子认为：别人理解我，我很高兴；别人不理解我，我也自得其乐。如何做到自得其乐呢？孟子认为崇尚仁德和义是根本。

约48岁时，孟子受到滕文公的邀请来到滕国，推行仁政。孟子在宋国时，曾与还是世子的滕国的滕文公相会，孟子给他讲了性善理论和尧舜等先王之道。滕文公深受启发，他继承王位后，就请孟子来辅佐自己。孟子在滕国通过滕文公实行了一些仁政，但弱小的滕国受到强国齐国的威胁，难以抵抗。滕国国家命运未卜，更何况施行王道思想了，孟子的仁政理念难以长期在滕国施行下去。孟子意识到要推行仁政，需要依靠强国的力量才行。

孟子约52岁时，魏国的梁惠王花重金聘请天下贤能辅佐自己。于是孟子率领他的数百名门徒来到魏国。梁惠王去世后，梁襄王正式即位。

孟子约54岁时见梁襄王。会面后，孟子发现襄王不像个国君的样子，也没有君主的威严。他很失望，于是离开魏国，重返齐国。孟子从魏国返回齐国时，在范这个地方遇见从此处经过的齐王的儿子，他感叹道：环境对一个人的成长太重要了。同样是儿子，齐王的儿子就显得与众不同。

大概54岁时，孟子再次来到齐国时，齐宣王当政。这时候的孟子思想成熟，对仁政充满信心，提出了著名的"浩然之气"理论。孟子认为因为自己具备了"集义而生"的浩然之气，充塞天地之间，所以能真正做到不动心。虽然他还是孜孜不倦地施行仁政，面对社会政治局势，知其不可为而为之，但是从他个人修养而言，他已经可以做到不动心了。

孟子在齐国时，母亲去世。这个时候孟子大约56岁，他回鲁国为母亲守丧。

后来，齐宣王讨伐燕国后，没有听从孟子的建议及时从燕国撤兵，结果遭到燕人的反抗。齐宣王感到有愧于孟子。通过此事，齐宣王也更加尊重孟子。但是到了后来，孟子常常因为这事批评齐宣王，他与齐宣王的关系比较紧张，所以会有"（齐宣）王顾左右而言他"的情况。孟子在齐国推行仁政也似乎是不可能了。孟子约60岁时，不得已辞官离开了齐国，回到母国邹国。前289年，约84岁的孟子去世。

孟子的治国理论和他所生活的历史时代仿佛是格格不入的，这也是造成他坎坷的人生经历的一个重要原因。但是，孟子秉承孔子所坚持的"知其不可为而为之"的信念，一生孜孜不倦地推行仁政。或许正是艰难困苦的人生经历，才造就了孟子刚正不阿、侠肝义胆的大丈夫气概。

阅读《孟子》，我们仿佛看到了一个高大威武的君子，他目光慈悲而坚定，声音洪亮，情绪激昂，滔滔不绝地讲解着救国救民的道理。他就像是奔走在战火纷飞的战场上的战士，又像是站在高台上挥臂高呼的斗士，激扬文字，指点江山，为黎民苍生奔走呼告而不知疲倦。孟子用自己的一生诠释了一个君子、义士、大丈夫该如何坦坦荡荡行走在人世间；面对困境，该如何坚守自我，勇往直前的大无畏精神。

我们了解了孟子一生的经历，再来读《孟子》，仿佛与两千多年前的老朋友相聚，一次一次地被他那股浩然正气感染。

# 1. 君子不言利

孟子是战国时期的邹国人，他学识渊博，有浩然正气，是一个有理想、有抱负的人。15 岁时，孟子开始深入学习儒家思想文化。在学习孔子等前代儒家学者思想的基础上，孟子形成了个人的思想主张和治国理念。大概 40 岁后，孟子开始游历各国，到了任国、齐国、宋国、滕国、魏国等诸侯国，宣扬自己的治国主张。

当孟子第一次拜见魏国的梁惠王时，他已经是 50 多岁的老人了，梁惠王也已经当了 40 多年的君王。这个时候的魏国从几十年前的诸侯第一强国慢慢衰落下来，连连遭遇战败，丧失国土，迫切需要寻求强国富兵之路。所以，当孟子见到梁惠王时，梁惠王开口便问："老先生不远千里而来，将会给我国带来利益吧？"

孟子知道梁惠王关心的是魏国如何在各个诸侯国之间谋取利益的事。多年来，孟子游历了几个诸侯国后，他心里很清楚，因为各个诸侯国都想称霸，为自己谋取更多的土地、兵将、财宝等，所以才导致各国战争不断，根源就在这个"利"字上。孟子坚信一个基本信念：君王要施行仁政，民众要有仁义的精神，这样国家才能长治久安。

于是孟子这样回答了梁惠王的问题："大王何必一定要说利呢？只要有仁义就足够解决所有的问题了。"

梁惠王说:"老先生这可是说大话了吧。没有强大的兵力和充足的粮草,怎么可能称霸天下呢?"

孟子看了梁惠王一会儿,心里想着:这是一个急于称霸天下的君王,怎么跟他说才能让他明白呢?

过了一会儿,孟子想好了,他问:"大王,假如您问:'怎样才有利于我的国家?'手下的大夫问:'怎样才有利于我的封地?'士人平民问:'怎样才能有利于我自己?'您觉得大家都是为了什么才这样问啊?"

梁惠王随口答道:"这不是很明显嘛,都是为了自己的私利。"

孟子说:"大王说得很对。但是如果国内上上下下的人都只知道争夺私利,这个国家就危险了。在拥有一万辆兵车的国家,拥有一千辆兵车的大夫为了扩张自己的权势可能就会去谋害君主;同样,在拥有一千辆兵车的国家,谋害君主的也必定是那个拥有一百辆兵车的大夫。"

梁惠王沉默了。他从宝座上站起来,走了几步,说:"在一个拥有一万辆兵车的国家中,自己能拥有一千辆兵车,这也是很富有的大夫了;在拥有一千辆兵车的国家,能拥有一百辆兵车,这也是朝中重臣,是掌管国家重要事务的人了。怎么这么不知足,还要谋害君王呢?"

孟子一听,知道刚才自己说的话梁惠王都听心里去了,继续说道:"大王,这是因为他们都只顾自己的私利呀。有了一百辆兵车的人,还想要两百乘;有了一千辆兵车的人,还想要两千辆,即使拥有了这个诸侯国也不一定能满足他们的私欲。所以,如果全国上上下下的人都只为自己着想,争夺私利,那么您的国家可就危险了。"

刚才还趾高气扬的梁惠王这时候面露愁容,面前案上放着的杯子盛满了酒,他一会儿端起来,一会儿放下去,无心饮用。案上摆满了新鲜的水果——桃子、橘子等,他赐给孟子吃,自己却一口也吃不下去。

孟子一看，时机到了。于是，他站起来，整理衣冠，郑重而大声地说道："大王啊！您不用发愁，刚才说的那些事儿，都是因为君臣不顾君臣道义而只重利益。如果只顾自己的私利，大夫们不夺取全部的兵车是不会满足的。如果治国只谈利，那么全国上上下下就会只顾各自的利益，您这个君王的宝座迟早要被其他拥有更多兵车的大夫夺取的。所以，您还是听我讲讲仁义吧，何必要说利呢？"

苟为后义而先利，不夺不餍。未有仁而遗其亲者也，未有义而后其君者也。王亦曰仁义而已矣，何必曰利？

——《孟子·梁惠王上》

◎ 注释

①餍：满足。②遗：遗弃。③梁惠王：就是魏惠王（前400—前319），惠是他的谥号（古人死后依其生前行迹所立的称号）。姬姓，魏氏，名䓖（yīng，《战国策》作"婴"）。魏国第三代国君。前369年—前319年在位。即位后由旧都安邑（今山西运城东）迁都大梁（今河南开封西北），所以魏惠王又叫梁惠王。

◎ 译文

如果把义放在后而把利摆在前，这样的人不夺得国君的地位是永远不会满足的。反过来说，从来没有讲仁德的人会遗弃父母的，从来也没有讲仁义的人会怠慢君王的。所以，大王您只说仁义就行了，何必说利呢？

## 知识拓展

1. 战国时期（前475—前221）的250余年历史中，魏国是最先强盛而称雄的国家。前334年，魏惠王和齐威王在徐州会盟，互相承认对方为王，史称"徐州相王"。

魏国"东败于齐，长子死焉；西丧地于秦七百里；南辱于楚"后，逐渐开始衰落。其中，"东败于齐"是指齐魏"马陵之战"，发生于前342年。在这场战争中，魏国损失了大将庞涓，太子也被俘虏。"西丧地于秦七百里"是指秦将公孙鞅打败魏国，迫使魏国割让河西郡全部土地和上郡十五县的土地，失去了河西七百里的土地。"南辱于楚"是指前323年楚魏"襄陵之战"，此役魏国战败，被迫割让大片土地。

此时的梁惠王接连遭遇战败，丧失国土，因此他十分迫切地寻求强国富兵之道。他力图振作，恢复魏国曾经的霸业。于是，梁惠王发布政令，不惜用重金厚礼来招纳天下有才能的人，以帮助魏国振兴。"寡人忧国爱民，固愿得士以治之。"（《战国策·齐策》）

正是这个时候，孟子来到魏国。当孟子第一次拜见梁惠王时，梁惠王开口便问："老先生不远千里而来，能给我国带来利益吧？"孟子给他讲述了君子不言利的道理。

2. 太史公曰：余读孟子书，至梁惠王问"何以利吾国"，未尝不废书而叹也。曰："嗟乎，利诚乱之始也！夫子罕言利者，常防其原也。"故曰"放于利而行，多怨"。自天子至于庶人，好利之弊何以异哉！（《史记·孟子荀卿列传第十四》）

## 2. 五十步笑百步

战国时候的魏国国君梁惠王是一个有志向、求上进的国君,一心一意想管理好自己的百姓,他最想看到的是国富兵强的样子。他兢兢业业治理魏国几十年,可是魏国的百姓还是没有增多。

他常常想:这些年百姓人口没增多,开垦的土地也没有增加很多,队伍里的士兵也就没有增加多少,国家的粮食也没有增加多少。想要实现国富兵强的治国目标,这不还差得远吗?所以,他心里很疑惑,到底怎么办才好呢,自己还有哪里做得不对呢?这时候他想到了住在魏国的智者孟子。

邹国的孟子怎么住在魏国了呢?原来在前 320 年,梁惠王当了四十多年国君后,越来越认识到人才的重要性,就采用"厚币卑礼"的办法招贤纳士,给天下贤能的人充足的财物,而且很谦虚地向他们请教治国方略,让他们为自己出谋划策,希望恢复魏国诸侯霸王的地位。于是,学识渊博的孟子就带领着他的数百名弟子来到了魏国。

这一天,梁惠王很认真地请教孟子说:"老先生,我费心尽力地治国,又爱护百姓,却不见百姓增多,这是什么原因呢?"

孟子想：上次跟你说到治国不能以"利"为目的，虽然你听明白了，但还是不想放弃争权夺利的念头啊。看来要想说服你实行仁政可不容易啊。

孟子整理了一下自己的衣襟，想了想，说："怎么说呢？大王您喜好征战，那我就拿打仗做个比喻来说说吧！历来打仗的时候双方军队在战场上相遇，免不了要进行一场厮杀，厮杀的结果必定是有一方被打败。"

梁惠王一听孟子说起打仗的事儿了，就很兴奋，说道："这是当然了，胜败乃兵家常事。"

孟子说："那么战败一方的士兵就会丢盔弃甲，飞奔逃命。有的士兵跑得快，很快逃到了大概一百步。有的士兵跑得慢，逃了大概五十步。"

梁惠王盯着孟子，一脸严肃，认真地听着。

孟子继续说："请问大王：假如这个跑了五十步的士兵，觉得自己更勇敢，于是嘲笑那个逃窜了一百步的士兵，说他太贪生怕死了。你怎么看呢？"

梁惠王听了，哈哈大笑，说："不行。逃跑了一百步的人和逃跑了五十步的人没有什么不一样，都是贪生怕死的人。"

孟子听梁惠王这么说，心里就有数了。他又看到梁惠王真心实意想要请教自己，考虑到征战对百姓的危害实在是太大了，不能再这样杀戮（lù）下去了，正好趁这个机会跟喜欢征战的君王好好说说自己的想法。

孟子说："大王您太明白了。同样的道理，您想想自己现在治理国家的办法，是不是也是这样呢？您喜欢打仗，每一次征战都要消耗很多的粮食，还有许多士兵在战争中战死。所以，战争给百姓带来的灾祸是巨大的。虽然您费心尽力治国，又爱护百姓，努力增加粮食产量，使得国家粮食增多了，百姓人口也增多了。但是您一场征战后情况会怎样呢？"

孟子看梁惠王一边听一边思考，就停顿了一会儿，然后说道："大王，战争的危害实在是太大了！一场征战之后，粮食、战马、士兵等都遭受损耗，百姓惨遭杀戮，人口数量大减。您再怎么尽心尽力地治理国家，爱护百姓，也经不起战争的祸害呀。这与"五十步笑百步"的道理是一样的啊。所以，如果您不能减免征战的话，战争来临时，粮食会继续损耗，百姓和士兵会继续遭受杀戮。那么百姓人口就不可能增多，魏国怎么可能会比邻国更强大呢？"

填然鼓之，兵刃既接，弃甲曳兵而走。或百步而后止，或五十步而后止。以五十步笑百步，则何如？

——《孟子·梁惠王上》

◎ 注释

①填然：形容声势宏大。②曳：拖着。③走：跑，这里指逃跑。④或：有的人。

◎ 译文

战鼓咚咚敲响，刀刃剑锋相碰，双方交战激烈，（战败的士兵）丢盔弃甲，拖着兵器逃跑。有的人跑了一百步才停下来，有的人跑了五十步就停下了。（如果）凭着自己只逃了五十步就嘲笑那些逃了一百步的人，（您觉得）怎么样呢？

## 知识拓展

1. 战国时期士兵的来源

战国时期,由于各诸侯国之间战争规模的扩大和对抗的加剧,开始出现了全民皆兵制。在中国历史上,战国时期是典型的真正全民皆兵的历史时期,农民成为主要兵源。比如秦赵"长平之战"时,秦军为了取得这一决定性战役的胜利,秦王亲自赶到河内郡,征发所有成年男子支援前线。战国七雄中的秦楚皆带兵百万,而其他五国军队人数也为 30 万~50 万。当时,普通百姓是很重要的兵源保障。所以,增加百姓人口成为战国时期各诸侯国的重要大事。这也是为什么好战的梁惠王为魏国百姓人口增长缓慢而焦虑的重要原因之一。

2. 春秋战国时期战争对人口数量的影响

春秋战国时期,周王室衰落,各诸侯国纷纷争雄称霸,互相兼并,战乱不止。根据史料记载,春秋三百多年间,诸侯列国之间的战争有 400~500 次,造成大量的人口死亡。战国时期,战争规模比以前庞大,参与作战的士兵人数也多。以秦国的战争为例,从前 364 年—前 245 年的 100 多年时间里,秦军共杀戮各国军队士兵 182 万之多,其中在秦赵"长平之战"后,秦军活埋赵国投降的士兵 49 万多。据统计,在多年的征战中,各诸侯国仅士兵就死伤约 340 万。普通百姓在战争中受到的伤害最大。比如,前 225 年,秦军引黄河之水灌注魏国的都城大梁,水浸三月,城中百姓死伤无数。

3. 战国时期部分诸侯国之间征战次数

秦晋交战 18 次,晋楚交战 3 次,吴楚交战 23 次,吴越交战 8 次,齐鲁交战 34 次,朱郑交战 39 次。

## 3. 王道之始

战国时期群雄相争,各诸侯国都信奉以武力称霸天下。孟子主张以德治国,实行仁政,推行王道,凭借仁德服众,实现天下一统。

孟子从40多岁开始游历各诸侯国,推行仁政和王道。他最早在滕国尝试推行仁政思想,但是滕国是个弱小的国家,经常受到周围强国的侵犯,不能顺利地实施仁政。孟子希望寻找一个更强大的诸侯国推行王道的治国主张。

孟子经过几十年苦学,学业精湛,思想成熟;再加上已经游历了几个诸侯国,也有了实践经验,在各诸侯国声名远扬,日常跟随他的门徒就有数百人。当他听到梁惠王在招贤纳士时,便决定去强大的魏国寻求实现王道思想的机会。于是,他便率领自己的门徒"后车数十乘,从者数百人",浩浩荡荡地来到魏国。

到了魏国后,孟子看到梁惠王心怀大志,时常与招纳来的贤能之人探讨治理国家的策略,他就想寻求时机,好好给梁惠王讲讲王道。

这一天，孟子和梁惠王又聊起了如何治理百姓的问题。梁惠王说他希望百姓人口能够增多，这样魏国就有更多的人耕种土地，可以收获更多的粮食；招募士兵也不用担心没有人来当兵了。孟子认为，君王施行王道才是增强国力的根本。因为一场征战下来，存储的粮食、训练有素的士兵都会大大损耗，老百姓也会跟着遭殃，不能从根本上实现强国理想。

可是怎么才能让梁惠王深刻理解自己的想法呢？

孟子想：经过之前几次的讨论，梁惠王肯定已经有些明白自己的仁政思想了，今天就明确提出王道思想来，看看君王是什么态度。

于是，孟子微微一笑，对梁惠王说："大王，您说的事儿好办。如果大王实行了王道，就不需要发愁百姓人口一年一年不增多的问题了。"

这是梁惠王最发愁的事儿了，孟子却说好办。梁惠王皱着眉头看着孟子，似乎不明白孟子在说什么。

孟子看了看梁惠王，慢慢解释道："大王，您看看我这样说对不对？如果您制定的国家政策能让老百姓春天好好耕种，秋天好好收割庄稼，那么您还用担心粮食不够吃吗？如果国家政令禁止百姓用网孔很小的渔网捕鱼，每年只捕捞长大的鱼鳖，小的鱼鳖就能源源不断地生长，那么魏国鱼鳖水产就会年年都吃不完。如果规定百姓只砍伐茁壮的大树，保护好小树苗，那么您还担心魏国的木材会用尽了吗？"

梁惠王喝了一口桂酒，斜靠在凭几上，静静地想了想，说："老先生说的有道理，要是保证粮食、鱼鳖、树木等物质源源不断、生生不息的话，那就不愁国家不富裕，老百姓过不上好日子了。可是，必须制定合情合理的国家制度来管理才能保证物质充裕呀。"

孟子说："对呀，大王。那样的话，老百姓也能像您这样，有足够的桂花酒喝，有充足的粮食和鱼鳖吃，有不尽的木材用。这样的话，老百姓吃得饱，穿得暖，能够养活一家老小，该多么开心呀！

家里有去世的老人，也能好好葬送。您说，老百姓活着的时候能够安居乐业，死了能够入土为安，他们还有什么不满意的呢？这正是我说的王道的开始呀。"

梁惠王听了很高兴，说："不错，那你再仔细给我说说。"

孟子一看梁惠王对自己说的王道感兴趣，很开心，忙转身，对着梁惠王说道："大王，制定政策也不难。您要是能让百姓在五亩大的宅院里，种上桑树，50岁以上的人就可以穿丝绸了；按时繁殖饲养鸡鸭猪狗，70岁以上的人就可以经常吃到肉了；能让每家每户种的田地不误农时，春天播种，秋天收割，就不怕闹灾荒了。"

梁惠王说："是。这样百姓吃饱穿暖，过得富裕。百姓富裕了，国家也就富裕了。"

孟子说："这还不够。"

梁惠王听了，暗想：能实现国强民富，我就很满意了。这个老先生，还不满足，果真是个博学多识、有见地的贤人。

孟子继续说道："老百姓富足了，还要加强乡校的教育，强调孝敬长辈的道理，须发花白的老人们就会得到尊重了。能诚心地尊敬长辈的人，才更有可能诚心地尊敬君王。这才能实现君民同心，一统天下。"

梁惠王说："一统天下我不敢想，如果能让魏国国富民强我也就满意了。"

孟子说："大王，治理国家也讲究水到渠成。如果国内年满70岁的人能穿上丝绸、吃上鱼肉，乐享晚年，一生平安。您还用担心老百姓的人口不增加吗？百姓向往的是安居乐业，平静祥和的生活。如果您的国土内百姓能过上这样的日子，普天下的百姓都会拥向您这儿来，自然就可以一统天下了。您也就能天下称王了！"

yǎng shēng sāng sǐ wú hàn　　wáng dào zhī shǐ yě
**养生丧死无憾，王道之始也。**
——《孟子·梁惠王上》

◎ 注释

①养生：供养活着的人。②丧死：安葬死了的人。

◎ 译文

（百姓）对养活生者、安葬死者，没有什么不满意，这就是（走向）王道（之路）的开端。

## 知识拓展

1. 孟子所倡导的儒家"仁政"思想的核心是"民胞物与"，他把保证百姓生活富足放在国家治理的重要位置。孟子提倡"恒产论"，他要求国家从制度上保护小农拥有"五亩之宅""百亩之田"，保障老百姓能够维持基本的生产和生活。所以孟子说："明君制民之产，必使仰足以事父母，俯足以畜妻子，乐岁终身饱，凶年免于死亡。"（《孟子·梁惠王上》）

2. 桂酒

桂酒是用玉桂浸制的美酒。早在春秋战国时古人就已饮用桂花酒。"蕙肴蒸兮兰藉，奠桂酒兮椒浆。"（屈原《九歌·东皇太一》）古人认为桂为百药之长，喝桂花酿制的酒能长寿。

## 4. 率兽而食人

孟子生活在战国中后期,这个时候,由于各诸侯国连年征战,百姓流离失所,生活困顿,甚至出现了人吃人的现象,国家的大道和野外的田地里都可以看到饿死的百姓的尸体。

孟子一直主张"民为贵,社稷次之,君为轻""得民心者得天下"。他看到当权者为了实现自己的霸权,不顾百姓死活,互相征伐,心里非常着急,所以《孟子》这部书中的孟子显得愤世嫉俗,能争好辩。其实主要是因为孟子看到百姓生活在水深火热中,急于劝说当权者行仁政,爱护百姓。同时,他还要与当时社会上一大批极力向各诸侯王推行霸道策略的谋士进行论辩。所以,孟子仿佛总是处于"争战"的状态。

魏国的梁惠王经常和孟子探讨治国的道理和方法,有一段时间非常信任孟子。

这一天梁惠王亲自召见孟子,说:"老先生,今天给我讲讲治理国家,做一位贤明的君主的道理吧。我乐于听取您的指教。"

孟子听了很高兴。他想:梁惠王是一国之君,能这样尊重自己,还立志要做圣贤,实在难得。他端起酒杯,敬了梁惠王一杯酒,说道:"大王有如此胸怀和志向,真是百姓之幸啊!"

孟子想到来魏国路上看到的百姓的尸体,心里一阵阵隐痛。于是,他说:"好吧,我们今天就来说说杀人这个事儿吧。请问大王:用木棍打死人和用刀子杀死人,有什么不同吗?"

梁惠王回答说:"没有什么不同呀。"

孟子又问他:"用刀子杀死人和用政治害死人有什么不同吗?"

梁惠王看着孟子,笑了起来,说:"都是杀死人,也没有什么不

同呀。你先讲了这么一通杀人的道理,这是又想给我说什么呀?什么事情能这么严重,都到了杀人的地步了。"

孟子说道:"我说的是魏国管理国家事务的事儿。魏国管理国家事务的官员,不是为百姓服务,他们管理百姓就像猛虎吃人一样呀!"

梁惠王一听,有些不高兴,说:"你这是什么话,我魏国的官员都是'杀人犯'吗?"

孟子说:"大王不要生气,听我说说您就明白了。现在你们这些当权者的厨房里有的是肥肉,马厩里有许多强壮的马,可是看看您宫墙外的老百姓的生活是什么样子的:他们一个个饿得面黄肌瘦,野外还躺着一具具饿死的尸体。一边是当权者享受富足的生活,拥有强壮的兵马,一边是天下百姓穷困潦倒的生活。您的统治和野兽吃人有什么区别呢!"

梁惠王盯着孟子,一句话也说不出来,因为孟子说的都是事实,他无言以对。

孟子接着说道:"大王您想想,野兽互相残杀,大家都觉得伤害同类是不道德的,是让人唾弃的。这些当权者管理国家,说是为百姓服务,却让百姓吃不饱,穿不暖,民不聊生。国家的当权者治理百姓,不能解决百姓忍饥挨饿的生活问题,甚至任由百姓饿死在野外,这就像率领老虎、狮子这些猛兽吃人一样。"

梁惠王看着远处马厩里的战马,以及面前案几上的新鲜瓜果和美食,又想想之前自己出行时看到的一个个面黄肌瘦的百姓,什么话也没说。

孟子陪着他,默默地站了一会儿,慢慢地说:"大王呀,为了当权者富足的生活和马匹粮草等征战装备而搜刮百姓,让百姓陷入困苦的生活中,这不是一个贤明的君王治理国家的办法呀!您这样的治理方法,和拿着刀子、棍棒杀人有什么不一样呢!"

庖有肥肉,厩有肥马,民有饥色,野有饿莩,此率兽而食人也。兽相食,且人恶之,为民父母,行政不免于率兽而食人,恶在其为民父母也?

——《孟子·梁惠王上》

◎ 注释

①庖:厨房。②厩:马棚。③莩:饿死的人。④恶:讨厌,憎恨。⑤恶:古同"乌",疑问词,哪,何。

◎ 译文

(当权者的)厨房里有肥嫩的肉,马棚里有健壮的马,可是老百姓面带饥色,野外躺者饿死的人。这就和当权的人率领着野兽来吃人一样啊!野兽自相残杀,人尚且感到厌恶;作为当权者,执掌国家政权,管理国家事务,却不能避免带领禽兽吃人(这种事情发生),那又怎么能够称得上是国君呢?

### 知识拓展

贫富问题和儒家提倡的"仁政"理想息息相关。《孟子》开篇就提出为了谋利而管理国家是大忌。战国时期，各诸侯国都有因为谋利而造成这样贫富不均的现象：（当权者的）猪狗吃的是人吃的食物而不知道设法制止，路上出现饿死的人而不知道赈济饥民。饿死的老百姓越来越多，统治者却说与自己的治理方法无关，都是灾荒害的，是年成不好的缘故。所以，孟子说这和把人杀了却说"跟我没有关系，是武器杀的人"是一个道理。如果侍奉国君的人只想办法为国君谋求财物，把百姓困苦的生活归罪于荒年，这就像帮助夏桀一样的暴君聚敛财物一样，不仅不会富国，反而会加快亡国的速度。

# 5. 保民而王

孟子约43岁时，第一次游历到齐国，居住在齐国的平陆。当时齐国当政的齐威王虽然重视人才，但是他看重的是能冲锋陷阵的猛将，或是用强硬的手段治国的贤者。他对孟子施行仁政的主张不感兴趣。因此，孟子很快就离开了齐国。

十几年过去了，孟子一直在孜孜不倦地传播自己的"仁政"思想。大概54岁时，孟子再次来到齐国，齐国的齐宣王当政。齐宣王对孟子礼遇有加，为孟子和他的弟子建造了居室，还供养他们的生活。所以孟子对齐宣王是有期望的。

这时候的孟子已经游历了齐国、宋国、滕国、魏国等诸侯国，并在宋国、滕国试着推行了仁政。无论是思想上，还是实践经验上，孟子都比较成熟了，他对自己的仁政思想充满了信心。而且这个时候的孟子积累了较为丰富的游说君王的经验，他开始使用投其所好的心理战术来给这些诸侯王讲解自己的仁政思想。

齐宣王就是大家熟悉的"滥竽充数"故事里的那个好大喜功的君王，他也想成就一番霸业。所以齐宣王见到孟子后，就直接让孟子说说"春秋五霸"中齐桓公和晋文公成就霸业的事。我们知道，孟子反对诸侯称霸，他主张以德治国。所以他跟齐宣王说："我不熟悉'春秋五霸'的事，还是

让我跟您说说以德治国吧。"

齐宣王想：这个孟子名扬天下，又是这把年纪了，肯定有不少好主意。于是，他说："也好。那你就说说君王要有什么样的德行才能够统领天下吧。"

孟子说："让老百姓安居乐业就可以一统天下，就没有谁能够抵挡您了。"

齐宣王转头看了看旁边的侍女和侍卫，然后问孟子："你说，像我这样的君王，能够让这些侍女、侍卫和百姓安居乐业吗？"

孟子说："您当然可以了。"

齐宣王一听孟子这样夸赞自己，满脸喜悦之情，说："我才做齐王两年，你怎么知道我一定能做到呢？"

孟子说："我听胡龁（hé）说过大王您的一个故事，所以我知道您一定能做到。"

齐宣王一听，更来劲儿了，忙问："什么故事？"

孟子说："听说有一天大王您坐在大殿上，有人牵着牛从殿下走过，您看到后便问：'把牛牵到哪里去？'牵牛的人回答：'准备杀了取血祭钟。'您便说：'放了它吧！我不忍心看到它那害怕得发抖的样子，就像没有罪过却被处死刑一样。'牵牛的人问：'那就不祭钟了吗？'您说：'怎么可以不祭钟呢？用羊来代替牛吧！'不知道有没有这件事？"

齐宣王说："是有这件事。我实在是不忍心看到那头牛害怕得发抖的样子，所以用羊来代替它。"

孟子说："大王这种不忍心正是仁慈的表现。凭大王您有这样的仁心，一定也不忍心看到百姓受苦受难，就会把百姓放在心里，事事为百姓着想，得民心者得天下呀！这样您就一定能统领天下了。"

曰："德何如，则可以王矣？"曰："保民而王，莫之能御也。"

——《孟子·梁惠王上》

◎ 注释

①德：造字本义指看清道路的方向，心胸坦荡，没有困惑和迷误，在大道上坦然直行。这里指符合是非标准的思想品质。②王：古代指统治者以仁义取得天下。

◎ 译文

（齐宣王）问："德行修炼成什么样就可以统领天下了呢？"（孟子）说："让老百姓安居乐业就可以一统天下，就没有谁能够抵挡你了。"

## 知识拓展

孟子认为如果实行仁政，只要有方圆一百里的土地就可以使天下归服。为什么这么说呢？他认为一个国家的君王如果对老百姓施行仁政，减免刑罚，少收赋税，让老百姓深耕细作，及时除草；让年轻人有闲暇时间来修养自己的品格，即孝顺父母、敬爱兄长、忠诚守信的美好品德等，这样他们在家可以很好地侍奉父母、友爱兄长，上朝来便会尊敬上级，尽心竭力地为国家服务。如果百姓能够这样生活，就是让他们制作木棒也可以抗击那些拥有坚实盔甲、锐利刀枪的军队。秦国和楚国的当权者剥夺了他们老百姓的生产时间，驱使青壮年男子外出征战，使他们不能深耕细作收获谷物来赡养父母。父母受冻挨饿,兄弟妻子因征战而东离西散,老百姓生活在水深火热中。如果有人征伐这两个国家,又会有谁来帮助暴虐的君王抵抗呢?所以说:"仁者无敌。"

## 6. 不为也，非不能也

这一天，风和日丽，齐宣王和孟子相谈甚欢。齐宣王聊得开心，便邀请孟子到他的花园观赏美景，继续边走边聊。

齐宣王说："《诗经》中说：'别人有什么心思，我能猜到。'说的就是夫子你这样的人呀。你能理解我心里的想法，真是我的知音呀！"

孟子说："大王，作为君主，您的想法和做法都有一统天下的王者风范呀。"

齐宣王最喜欢听人夸赞他有王者风范了，听孟子这么说，特别开心。又一听孟子说到称霸天下的事，就更感兴趣了，说："老先生，你给我仔细讲讲，我的做法和心态与统一天下的王道怎么相合了呢？"

孟子笑着看看齐宣王，说："大王，有人给您报告说：'我的力量能够举得起三千斤重的东西，但是我拿不起一根羽毛来；我的视力能够看得清秋天鸟儿细小的毫毛的末梢，却看不见摆在眼前的一车柴草。'大王您会相信他的话吗？"

齐宣王说:"肯定不信呀。"

孟子继续说道:"我听说大王您看到一头牛战战兢兢被宰割的样子,心里很不忍,让人释放了那头牛。"

齐宣王说:"是有这么一回事。"

孟子说:"大王,您看,您的恩惠都能让一头牛免受祸害。您这样的慈悲心连动物都能得到,却不能让老百姓感受到,这是为什么呢?"

齐宣王说:"是啊。我也很苦恼,我这样为百姓着想,可是百姓却不理解我,反倒还有很多怨言。"

孟子看了看齐宣王,拿起路旁飘落下来的一根羽毛,说:"一根羽毛拿不起来,是不愿意用力气拿的缘故;一车柴草看不见,是不愿意用眼睛看的缘故。现在老百姓生活困顿,不能安居乐业。大王您对一头牛都心生怜悯之心,却不能帮助老百姓过上丰衣足食的生活,所以他们对您怨声载道。大王啊,您没有能够用王道来统一天下,不是做不到,而是不愿意做。"

齐宣王听孟子这么说,盯着盛开的芍药花看了半天,然后哈哈一笑,问:"你说说做不到和不愿意做有什么区别呢?"

孟子想:这个问题不容易说明白,可是机会难得。他忽然想起一个例子,于是问齐宣王:"大王,要是要求一个人把泰山夹在胳膊下跳过北海,这人说:'我做不到'。这是真的做不到。要是要求一个人为老年人折一根树枝,这人说:'我做不到。'这是不愿意做,还是做不到呢?"

齐宣王说:"折根树枝连小孩子都能做得到。当然是因为他不愿意做了。"

"那么,大王,您想想,您对一头牛都有如此慈悲的心怀,何况对您的百姓呢?所以呀,您没有做到用王道来统一天下,就像说自己不能为老年人折树枝一样呀!不是做不到,而是不愿意做!"孟子一字一句,缓慢而坚定地说道。

一羽之不举,为不用力焉;舆¹薪²之不见,为不用明焉;百姓之不见保,为不用恩焉。故王之不王,不为也,非不能也。

——《孟子·梁惠王上》

◎ 译文

①舆:指车中装载东西的部分,后泛指车子。②薪:柴火。

◎ 译文

一根羽毛拿不起来,是不愿意用力气拿的缘故;一车柴草看不见,是不愿意用眼睛看的缘故;老百姓不能安居乐业,是君王不愿意施恩惠的缘故。所以大王您不用"仁政"来治理国家,不是做不到,而是不愿意做。

## 知识拓展

仁政的基础之一就是要爱民,爱民思想的具体行为之一就是"与民同乐"。所以孟子希望齐宣王能够时刻为百姓着想,以天下百姓的喜乐为己任,让老百姓能够安居乐业,通过君民同心协力来实现他仁政的理想。

# 7. 推恩足以保四海

战国时期的齐国是著名战将姜子牙的封国,素来就有好战的传统。作为东方霸国的国君,雄心勃勃的齐宣王也是一个好战的君王。

孟子到齐国后,齐宣王多次向孟子请教称霸天下的方法,孟子因势利导,想尽办法游说齐宣王放弃霸道,推行王道。

这一天两人聊得正投机的时候,孟子又劝说齐宣王要有推广恩惠,普及百姓的好行为。孟子认为这是成就王道的一个好办法。

孟子说:"大王,《诗经》中有一句话,不知您听说过没有?"

齐宣王问:"哪句话?"

孟子说:"刑于寡妻,至于兄弟,以御于家邦。"

齐宣王说:"知道。这不就是说要把仁爱的心由近及远地推广开去,要对妻子好,施恩于妻子;要对兄弟好,施恩于兄弟;再对国家好,报效国家。就是要把恩泽从自己的小家推广到自己的封国和国家吗?"

孟子说:"对呀。老吾老,以及人之老;幼吾幼,以及人之幼。如果做到了这一点,整个天下便会像在自己的手掌心里运转一样,那就容易治理了。"

齐宣王问:"是吗?"

"当然了。推广恩德,才能保障天

下安定；不推广恩德，可能连自己的妻子儿女都保护不了。"孟子说。

齐宣王问："有这么严重吗？你仔细说说看。"

孟子说："如果大王坚持掠夺民财，发动战争，怎么能保护一家妻儿老小呢？征战来临，民不聊生，百姓可能会家破人亡。男子去征战了，或许会战死沙场；他的家人或是被杀，或是饿死。百姓生活朝不保夕，痛恨当权者，怎么会拥戴自己的君王呢？如果民怨沸腾，大王您怎么能称霸天下呢？如果百姓奋起反叛，冲进王宫，您能保护好自己的妻儿吗？"

齐宣王沉默不语。

"古代的圣贤能远远超过一般人，没有别的什么诀窍，只是善于推广他们的好行为，爱护百姓，广施恩德于天下。"孟子站起来，看看窗外说道。

"大王，称一称才知道轻重，量一量才知道长短。什么东西都是这样，人心更是如此。得民心者得天下，推恩才能安定天下。您爱护百姓，百姓才会拥戴您；您不顾百姓的死活，百姓就会把您当成他们的敌人。请您好好考虑考虑吧，怎么做才能成就霸业！"孟子接着又说。

推恩足以保四海，不推恩无以保妻子。古之人所以大过人者，无他焉，善推其所为而已矣。

——《孟子·梁惠王上》

◎ 注释

①妻子：妻和子，即妻子和儿女。②善：擅长。

◎ **译文**

推广恩德足以安定天下,不推广恩德连自己的妻子和儿女都保护不了。古代的圣贤之所以能远远超过一般人,没有别的什么(好办法),不过是擅长推广他们的好行为罢了。

**知识拓展**

思齐就是雍容端庄的仪式。思,发语词,没有意义。齐(zhāi),通"斋",端庄的样子。

《思齐》是《诗经·大雅》中赞颂周文王的诗篇。这首诗讲的是,周文王之所以能得天下,功业卓著,是因为他有贤良的母亲,并且他自己也很谦逊,能听善言,知人善任。周文王不管是在家里还是在宗庙里,处处以身作则,为人表率;在朝堂上,他善于培养人才,身边多是有识之士。《思齐》原文如下:

思齐大任,文王之母,思媚周姜,京室之妇。大姒(sì)嗣徽音,则百斯男。

惠于宗公,神罔时怨,神罔时恫(tōng)。刑于寡妻,至于兄弟,以御于家邦。

雝雝(yōng)在宫,肃肃在庙。不显亦临,无射(yì)亦保。

肆戎疾不殄(tiǎn),烈假不瑕。不闻亦式,不谏亦入。

肆成人有德,小子有造。古之人无斁(yì),誉髦(máo)斯士。

## 8. 缘木求鱼

齐国的稷（jì）下学宫，又叫稷下之学，是齐桓公田午时期开始创建的官办高等学术机构。来自各个诸侯国的学者们在这里互相争辩、诘难，形成了一个开放自由的思想中心。更为可贵的是，当时齐国统治者对学者们十分优待，封了不少著名学者为"上大夫"，并"受上大夫之禄"，即拥有相应的爵位和俸养，允许他们"不治而议论"（《史记·田敬仲完世家》），"不任职而论国事"（《盐铁论·论儒》）。因此，稷下学宫具有学术和政治的双重性质，它既是一个官办的学术机构，又是一个官办的政治顾问团体。

名扬天下的孟子50多岁时游历到齐国，一到稷下学宫就受到齐宣王的尊敬，并被拜为齐国的客卿，有自己的房子，还有俸禄。虽然生活优裕，学术氛围宽松，但是孟子来这里的主要目的还是推行王道和仁政。

齐宣王经常和孟子讨论治国方略，他们慢慢熟悉起来。

有一次，孟子问齐宣王："大王，您最大的愿望是什么呢？可以讲给我听听吗？"

齐宣王笑了笑，却不说话。

两人多次讨论治理国家的事，孟子很清楚齐宣王最大的心思就是征伐各诸侯国，成就霸业。

所以他故意问道:"大王,您是希望获得肥美的食物、轻暖的衣服、艳丽的色彩、美妙的音乐和足够多伺候您的人吗?"

齐宣王说:"不,我不是为了这些。我手下的大臣都能够尽量提供这些的。"

孟子说:"您的志趣不在于这些日常生活的物质享受。那么,我知道您最大的愿望是什么了。"

齐宣王笑笑说:"是吗?那你说来听听。"

"您是想要扩张国土,让秦、楚这些诸侯国都来朝贡您,自己统领天下,安抚四方落后的民族。"孟子说。

齐宣王点了点头,说:"知我者,孟子也。你太了解我的心思了!"

孟子皱着眉头说:"不过,我很替您担心呀!如果按照您现在这样管理国家,治理百姓,还想成就霸业,就好像爬到树上去捉鱼一样,是不可能的。"

齐宣王挺起后背,盯着孟子问:"竟然会这么严重?"

孟子提高声音说:"恐怕比这还要严重呢。爬上树去捉鱼,虽然捉不到鱼,却也没有什么后患。更麻烦的是,以您现在的做法来实现您现在的愿望,费尽心力去干的话,一定会有灾祸在后头。"

齐宣王觉得刚才过于紧张,有点儿失态了。他松了一口气,换了个坐姿,慢慢地说:"你把道理说给我听听,我愿意聆听你的教诲。"

孟子说:"好吧,咱们慢慢说说。假定邹国和楚国打仗,大王您认为哪一国会打胜呢?"

齐宣王说:"当然是楚国胜。"

孟子说:"很明显,小国军事力量不强,不可以与大国为敌;人口很少的国家士兵不足,粮食不足,也不可以与人口众多的国家为敌;弱国更是不可以与强国为敌。周王朝的土地,方圆千里共有九块,齐国不过占有其中一块罢了。想用这一块去征服其他八块,这跟邹国和楚国打仗有什么区别呢?都是小国打大国,弱国打强国呀!大王呀,您好好想一想,是不是可以用其他更好的办法实现您的心愿呢?"

齐宣王听孟子说的似乎有一定道理。他想了想,问孟子:"既然这么说。还有没有其他好办法能帮助我实现自己的愿望呢?"

孟子说:"好办法就在眼前呀。做事情不能治标不治本,比如,您可以从最根本的王道开始。如果您能把天下人的安危放在心里,施行仁政,百姓能够安居乐业,有识之士能够充分发挥自己的才能。您想会怎样呢,还会有什么灾祸吗?"

齐宣王微笑着看了看孟子,心想:老夫子又要说百姓了,我且看你怎么说。

孟子继续说:"如果天下做官的人都想到您的朝廷上来做官;天下的百姓都想到您的国家来种地;天下做生意的人都想到您的国家来做生意;天下旅行的人都想到您的国家来旅行;天下痛恨本国国君的人都想到您这儿来控诉。如果真做到了这些,还有谁能够与您为敌呢?这就是治本的好办法。推行王道,才能免受灾祸啊!"

缘木求鱼,虽不得鱼,无后灾。以若所为,求若所欲,尽心力而为之,后必有灾。

——《孟子·梁惠王上》

◎ 注释

①缘:沿,顺着。②若:你。

◎ 译文

爬上树去捉鱼,虽然捉不到鱼,却也没有什么后患。以您(齐宣王)现在的做法来实现您现在的愿望,费尽心力去干,一定会有灾祸在后头。

## 知识拓展

稷下学宫，又称稷下之学，是由战国时期田齐的齐桓公田午创办的官办学宫。"稷"是齐国国都临淄城（今山东淄博）一处城门的名称。"稷下"，即齐国都城临淄的稷门附近，因学宫地处稷门附近而得名为"稷下学宫"，存在了大约150年。

稷下学宫以官学的黄老之学为中心，但是除了道家学说外，还有儒、墨、法等学派的学说，比如道儒墨的天人之辨、义利之辨、王霸之辨、攻伐寝兵之辨等。稷下学宫作为当时百家学术争鸣的中心，聚集了当时主要的学术精英，有力地促成了"百家争鸣"局面的形成。

稷下学宫具有咨询、教育、学术等功能。学宫里的成员既可以为当权者提供咨询，充当国家的顾问团，又可以著书立说，进行学术研究，还可以广收门徒，起到了一定的教育作用。

## 9. 与民同乐

孟子第二次到齐国时,大概在齐国待了六七年。《孟子》一书记录了一些和这个时期有关的故事。

这一天,齐宣王召见孟子,想问问他关于外交的事。

多年的游历生涯,锤炼了孟子的论辩技巧。此时的孟子已经能够非常熟练地使用心理战术进行辩论了,他想了想,说道:"我听说大王您喜好音乐,那齐国就有希望了,可以治理得很不错了!"

齐宣王一听孟子居然说自己嬉戏游乐就可以治理好国家,心想:这老先生,是不是又要讽刺挖苦我?

于是,他眼睛望着别处,身体往凭几上一靠,摆出他威严的君王架势,只顾吃瓜果,也不理孟子。

过了一会儿,他才问道:"喜好音乐和治理国家有这么大的关系吗?"

孟子游历在外多年,见惯了这些君王的各色行为,既不生气,也不着急。他一听齐宣王问他,就笑呵呵地看着齐宣王,说:"当然了。让我来为大王讲讲赏乐吧!"

齐宣王想:俗话说得好,伸手不打笑脸人。他这样乐呵呵的,看来不是要教训我。齐宣王神情也缓和了一些,说道:"我愿意听你说道说道。"

孟子说:"好吧。我先问您两个问题,您说独自一人赏乐快

乐，还是和他人一起赏乐更快乐？"

齐宣王想了想，说："还是和别人一起赏乐更热闹，更快乐。"

孟子又问："和少数人一起赏乐快乐，还是和多数人一起赏乐更快乐？"

齐宣王说："刚才我都说了，还是和多数人一起赏乐更快乐。大家一起你唱我跳，多开心呀。人越多越热闹。"

孟子说："这就对了。大王，假如您在奏乐，百姓们听到鸣钟击鼓、吹箫奏笛的曲调，都愁眉苦脸地相互诉苦说：'我们君王只顾自己赏乐，为什么要使我们这般穷困呢？父亲和儿子不能相见，兄弟和妻儿分离流散。'假如大王在围猎，百姓们听到车马的喧嚣，见到华丽的旗帜，还是都愁眉苦脸地相互诉苦。老百姓为什么会这样想呢？因为您只顾自己享乐，没有想到百姓的生活状况，没有和民众同乐。"

齐宣王说："不是这样的，百姓误会我了。我常常忧国忧民，所以才重金聘请你们这些有才能的人来帮助我治理国家。我心里没有一天不想着富国强兵的事。"

孟子说："大王可知《诗经》中讲，虽然周文王用老百姓来修建高台深池，可是老百姓非常高兴，把那个台叫作'灵台'，把那个池叫作'灵沼'，看到那里面有麋、鹿、鱼、鳖等珍禽异兽就很高兴，说：'有这么多好东西让我们的君王消遣，真是太好了！'"

齐宣王说："是啊。我怎样才能让百姓明白我的心意，看到我享乐消遣他们就会很高兴呢？"

孟子说："周文王以德治国，处处想着百姓，把百姓的温饱、喜怒哀乐都装在心里，有什么好东西就和百姓分享，与民同乐。所以，虽然周文王不忍心建造灵台，但百姓起劲地自动跑来帮忙，灵台很快就建成了。周文王游览时，满池的鱼儿欢跃，百姓也跟着欢欣鼓舞。"

齐宣王说："老百姓这么理解君王，看到君王欢乐，老百姓就更欢乐。多么令人向往和羡慕呀！"

孟子说："也不是都这样。相反，《尚书》中说夏朝的暴君夏桀，他的百姓恨不得与他同归于尽，天天盼着他下台。百姓说：'你这太阳啊，什么时候毁灭呢？我们宁可与你一起毁灭！'"

"是啊。失去老百姓的爱戴，就是这样的下场。"齐宣王轻轻拍了拍案几，看着周围的卿大夫们，感慨地说。

"所以说，大王啊，古代的君王因为与民同乐，所以能得到真正的快乐，全国上下呈现一片和乐的景象。既然您拥有华美的高台深池、世上罕见的珍禽异兽，难道能独自享受，不与民众共享乐吗？"孟子说道。

曰："独乐乐，与人乐乐，孰乐？"曰："不若与人。"曰："与少乐乐，与众乐乐，孰乐？"曰："不若与众。"

——《孟子·梁惠王下》

◎ 译文

（孟子）说："独自一人赏乐，与和他人一起赏乐，哪个更快乐？"（齐宣王）说："不如与他人一起赏乐更快乐。"（孟子）说："和少数人一起赏乐，与和多数人一起赏乐，哪个更快乐？"（齐宣王）说："不如与多数人一起赏乐更快乐。"

## 知识拓展

《孟子》一书共记录孟子与齐宣王的对话14处，其中7处为孟子宣传仁政的言论。

孟子向齐宣王宣传仁政的时候已经50多岁了。他积累了多年游历各国、宣扬仁政的经验。孟子以前向君主游说仁政时，多用类比的方法，并且经常批评指责君主好战、贪利等问题，结果四处碰壁，得不到君王的认可和支持。

后来，孟子汲取了以往的经验教训，不再对齐宣王进行简单的批评、指责，而是用心理分析的方法，针对齐宣王提出他自己好乐好色的喜好，通过肯定、鼓励齐宣王的喜好来讲解自己倡导的仁政思想。孟子说好乐、好色都不妨碍君王推行仁政，如果君王能与民同乐，照样能受到百姓的爱戴和尊敬。齐宣王听了很高兴，积极主动尝试施行仁政，还请孟子好好辅佐他。

## 10. 流连荒亡之忧

春秋时期,齐国的齐景公当了58年的齐国国君,他在位早期励精图治,心怀治国壮志。

有一天,他问齐国的上大夫晏婴说:"我想到转附、朝儛两座山去观光游览,然后沿着海岸向南行,一直到琅邪山。我该怎样做才能和古代圣贤君王的巡游相比呢?"

晏婴可是齐国的老臣了,他已经辅佐了齐灵公、齐庄公两朝君王,齐景公是他辅佐的齐国第三朝君王。他聪颖机智,能言善辩,内辅国政,屡谏齐王;对外出使能不受辱,可以捍卫齐国的国威,在齐国是个非常有威望的老臣。

晏婴一听齐景公有学习圣贤君主的愿望,非常高兴,连忙回答道:"问得好呀!大王有雄心壮志,希望能做一代贤君。太好了!"

齐景公也很高兴,说:"你博学多闻,给我讲讲天子巡狩吧。"

晏婴说:"好。天子到各个诸侯国家去叫作巡狩。'巡狩'就是巡视各诸侯所守疆土的意思。诸侯去朝见天子叫述职。'述职'就是报告在他职责内的工作的意思。无论是天子的巡狩,还是诸侯的述职,都是和治理国家的事有关系的。要说天子巡狩的话,都是有目的的:春天里巡视耕种情况,对粮食不够吃的给予补助;秋天里巡视收获情况,对歉收的给予补助。"

齐景公说:"噢。原来天子巡狩就是为了体察民情,帮助百姓解决生活困难呀。这样才能真正了解百姓的生活情况,解决白姓的实际问题。这真是治理国家、亲近百姓的一个好办法。"

晏婴说:"对呀。所以夏朝的谚语说:'我们的大王不出来游历,我们怎么能得到休息?我们的大王不出来巡视,我们怎么能得到赏

赐?'所以说古代君王的游历和巡视,非常受百姓的欢迎,这样的行为是足以作为诸侯的法度来执行的。"

齐景公说:"我也希望百姓能盼着我巡狩。"

晏婴说:"这也是我想跟您说的呀。我也盼着大王您能成为一代英王,受到百姓的爱戴。可是现在有的君王巡狩可不是这样了。国君一出游就兴师动众,每到一个地方,当地的官员和百姓就要准备美酒美食。他们巡狩只为自己饮酒作乐。饥饿的人得不到粮食补助,劳苦的人得不到休息。大家一听君王来巡狩,就侧目而视,怨声载道,也有害怕抓他们当劳役偷跑的。还有官员耍威风,逼着老百姓缴纳珍宝的。这种出游违背了天意,只是虐待百姓,使百姓深受其害。君王只知道大吃大喝,浪费财物,而不是体察民情,为百姓解决实际困难。真是流连荒亡,连诸侯们都为此而忧虑。"

齐景公问:"什么叫流连荒亡?"

晏婴回答说:"从上游向下游游玩,乐而忘返叫作流;从下游向上游游玩,乐而忘返叫作连;打猎不知厌倦叫作荒;嗜酒不加节制叫作亡。"

齐景公一听就明白了:流连荒亡全都是吃喝玩乐的事,没有一个想办法关心百姓、管理国家的。

晏婴说:"大王啊,古代圣贤君王既无流连的享乐,也无荒亡的行为。现在大王您也想出游,还问我古代贤君出游的状况,我很高兴,因为您绝不会像现在那些流连荒亡的君王一样,让诸侯和百姓都担忧。我看您已经有了自己的选择了。"

齐景公听了晏子的话非常高兴,说:"晏大夫,你懂我。我渴望和百姓们同乐,从而以王道统一天下。"

于是,齐景公出游前先在都城内做了充分的准备,然后驻扎在郊外,打开仓库赈(zhèn)济贫困的人,又召集乐官创作君臣同乐的乐曲《徵(zhǐ)招》《角招》。歌词说:"限制一些国君的喜好,又有什么过错呢?"

流连荒亡,为诸侯忧。从流下而忘反谓之流,从流上而忘反谓之连,从兽无厌谓之荒,乐酒无厌谓之亡。

——《孟子·梁惠王下》

◎ 译文

(君王这样出巡,)流连忘返,荒亡无行,连诸侯们都为之而忧虑。什么叫流连荒亡呢?从上游向下游游玩,乐而忘返叫作流;从下游向上游游玩,乐而忘返叫作连;打猎不知厌倦叫作荒;嗜酒不加节制叫作亡。

## 知识拓展

齐景公（约前550—前490），姜姓，吕氏，名杵臼（chǔ jiù），幼年登基成为齐国的君主。齐景公于前547年—前490年在位，在位58年，是齐国在位时间最长的一位国君，他在位期间国内相对稳定。

晏子（前578—前500），名婴，字仲，谥平，习惯上多称平仲。夷维（今山东高密）人，春秋时期著名政治家、思想家、外交家。晏婴是齐国上大夫晏弱之子。齐灵公二十六年（前556年）晏弱病死，晏婴继任为上大夫。历任齐灵公、齐庄公、齐景公三朝，辅政长达50余年。晏婴聪颖机智，能言善辩，内辅国政，屡谏齐王，他凭借政治远见、外交才能和朴素作风等闻名于各诸侯国。《晏子春秋》是记载晏婴言行的一部历史典籍。书中记载了许多晏婴劝告君主勤政，不要贪图享乐，以及爱护百姓、任用贤能和虚心纳谏的故事。

## 11. 乐以天下，忧以天下

齐宣王有一个别墅，名字叫雪宫。雪宫里布满亭台楼阁，珍禽异兽随处可见。这一天齐宣王在雪宫里接见孟子，他很得意地问孟子："贤人有在这样的别墅里居住游玩的快乐吗？"

孟子回答说："有。可是老百姓要是得不到这种快乐，就会埋怨他们的国君。"

齐宣王一听，心想：又来了。这位老先生，又要开始训诫我了。

这样想着，齐宣王不免皱起了眉头，一句话也不说，撇下孟子，独自往前走了。走着走着，他转念一想：算了，毕竟他说的话也是有道理的。不如我也趁机说说自己的烦恼吧。

齐宣王停住脚步，一边给湖里的鱼喂食，一边等孟子走近后，说："爱卿不知呀，百姓有自己的爱好和烦忧，君王也有君王的爱好和烦忧。百姓不理解君王的爱好和烦忧，却只会埋怨君王。"

孟子顺着齐宣王的话说："大王您说的对。百姓得不到这种快乐，就只顾埋怨国君做得不好，做得不对。不知道君王也有君王的难处呀。"

齐宣王听到天天百姓长百姓短的孟子居然说百姓也有不对的地方，脸色缓和了许多，他说道："老先生，你真是理解我呀，百姓要是能像你这样就好了。"

孟子说："百姓不能体谅君王的难处，是百姓的问题。可是大王您想想，百姓为什么不理解您呀？您自己是不是也有做得不够好的地方？"

齐宣王看着高飞的鸿雁，一言不发，心想：也是啊。百姓怎么就不能理解我呢？

他转过头去问孟子："老先生，你说这是为什么呢？"

孟子看齐宣王又搭理他了，心想：看来还有希望，这个君王还是个励精图治的君王，是个想解决问题，关心老百姓的君王。

于是，他乐呵呵地说道："大王啊，您想想，作为老百姓的管理者只顾自己住豪华别墅，享受奇珍异宝，不关心百姓的死活，这是一个英明的君王应该有的样子吗？现在您在这里跟我炫耀别墅的奢华，独自享受豪宅美景，不能和百姓共享美物、美景。这样做，也是不对的吧？您对百姓的生活不管不顾，怎么能指望百姓关心您的喜怒哀乐呢？"

齐宣王问："依照先生的意思，我怎么做才好呢？"

孟子回答说："一位贤德的国君应该心系百姓，看到老百姓有什么忧愁他也跟着着急、忧愁，想办法帮着百姓解除烦忧。这样的话，君王有了危难，老百姓才会为国君分忧解难。如果国君看到天下百姓生活得快乐，比自己住豪宅、享用美食都快乐，那么，老百姓看到国君快乐，才会为国君高兴。如果全国上下君民同心，还不能让天下人归服，那是没有过的事情。"

齐宣王说："你说的有道理。人同此心，心同此理呀。我爱人人，人人才会爱我啊。"

孟子说："如果大王觉得我说得好，为什么不这样做呢？"

齐宣王说："难啊。我有个毛病，我喜爱钱财。"

孟子顺着他的意思说道："喜爱钱财好啊！周文王的祖先公刘也喜爱钱财。《诗经》中就称颂公刘的德行。他花费很大的精力帮助百姓耕种，到处察看土地性能；帮助百姓伐木取材供应日常需要。于是，百姓的粮食装满仓，弓箭堆满库，民众仰仗公刘过上好日子。各族的人感念公刘的恩德，都迁到他这里生活，拥护他，归顺他。周朝事业的兴起就是从这里开始的。"

齐宣王说："是啊，公刘是我们学习的楷模。"

孟子说："公刘这样做不仅能帮助百姓生活富足，而且出兵征战也没有后顾之忧了。当您率领军队征战时，后方有充足的粮草，行军的人有充足的干粮和盾戈剑矛，大家紧密团结，带着弓箭一起上阵。大王，如果您喜爱钱财，还能想到老百姓也喜爱钱财，帮助百姓发家致富，这就是施行王政了。"

齐宣王说："恐怕还是不行。我还有个毛病，我喜爱女色。"

孟子回答说："这不是一样的道理吗？如果大王喜爱女色，能想到老百姓也喜爱女色，帮助无妻或无夫的百姓组建家庭，让他们也有美满的婚姻生活。他们能不拥戴您吗？这也是在推行仁政啊！"

乐民之乐者，民亦乐其乐；忧民之忧者，民亦忧其忧。乐以天下，忧以天下，然而不王者，未之有也。

——《孟子·梁惠王下》

◎ 译文

国君以老百姓的快乐为快乐，老百姓也会以国君的快乐为快乐；国君以老百姓的忧愁为忧愁，老百姓也会以国君的忧愁为忧愁。以天下人的快乐为快乐，以天下人的忧愁为忧愁，这样还不能够使天下百姓归附于他的，是没有过的事情。

## 知识拓展

北宋·范仲淹《岳阳楼记》里的名句"先天下之忧而忧，后天下之乐而乐"和全篇的基本思想，都是从《孟子》中的"乐以天下，忧以天下"思想化用来的。《岳阳楼记》中关于"先天下之忧而忧，后天下之乐而乐"的原文如下：

> 嗟夫！予尝求古仁人之心，或异二者之为。何哉？不以物喜，不以己悲；居庙堂之高则忧其民；处江湖之远则忧其君。是进亦忧，退亦忧。然则何时而乐耶？其必曰："先天下之忧而忧，后天下之乐而乐"乎。噫！微斯人，吾谁与归。

## 12. 齐人伐燕

齐人伐燕对齐国来说是比较重大的一个历史事件。因为这事齐、燕两国结下矛盾，影响了齐国在东方六国（楚、燕、齐、赵、魏、韩）的外交关系和历史命运。从孟子的游历生涯看，这也是一件重要的事件。孟子对齐宣王寄予厚望，多次劝说他推行王道，成就霸业。但是，齐宣王伐燕以及他后来的行为，摧毁了孟子心中的政治理想。这次事件令孟子对齐宣王彻底失去了信心，也导致孟子离开齐国，结束了自己推行王道，游说各诸侯王实行仁政的游历生涯。

这到底是怎么回事呢？为什么会让孟子这么绝望呢？

前315年，齐国攻打燕国，并占领了燕国。一些诸侯国谋划着要起兵救助燕国。

齐宣王有些害怕了，他找来孟子，着急地询问对策："不少诸侯在谋划着要来攻打我，我该怎么办呢？"

孟子说："不对呀。我听说过有凭借着方圆七十里的国土就统一天下的，比如商汤。却没有听说过拥有方圆千里的国土而害怕别的诸侯国进攻的。"

齐宣王说："今非昔比呀。"

孟子说："不是这样吧？是不是另有隐情呢？有时候百姓都盼着让别人快快进攻自己这里呢。《尚书》中记载：'商汤征伐，要从葛国开始。'当时天下人都相信了。所以，当商汤向东方进军时，西边国家的老百姓便抱怨；当他向南方进军时，北边国家的老百姓便抱怨。百姓都说：'为什么把我们放到后面，不早早来进军我们这里呢？'"

齐宣王说："燕国的百姓也盼着我去征伐他们。"

孟子说:"是啊,我知道。那我们先说说为什么老百姓盼望商汤,就像久旱之天,盼乌云和虹霓出现一样吧。因为汤的征伐只是诛杀那些暴虐的国君,一点儿也不惊扰百姓。汤攻打到一个地方后,一定抚慰当地受害的老百姓。百姓不仅没有因为战争遭灾受难,反而会收到财物,添补家用。百姓的生活也没有受到影响,做生意的照常做生意,种地的照常种地。商汤来了就像天上下了及时雨一样,老百姓非常高兴。所以他们说:'等待我们的王,他来了,我们也就复活了!'"

齐宣王听孟子这么一说,似乎明白了什么,但好像又有些不甘心的样子:天下诸侯都在招兵买马,争夺城池,吞并弱国,推崇霸王之道,怎么到自己这里,吞并一个燕国就这么难呢。

孟子似乎看出了齐宣王的心事,他继续说道:"再来说说齐国攻打燕国的事儿吧。之前,燕国的国君虐待老百姓,大王您的军队去征伐这个暴君,燕国的老百姓以为您是要把他们从水深火热中拯救出来,所以用饭筐装着饭,用酒壶盛着酒浆来欢迎您的军队。"

齐宣王说:"是啊。我是顺应百姓的愿望来攻打燕国,讨伐暴君的。"

孟子叹了一口气,声音颤抖着说:"可是您的军队是怎么讨伐暴君的!是像商汤那样,只是征讨暴虐的燕王,把百姓从暴君的统治下解救出来吗?事实是,齐军打到燕国,杀死的是百姓们的父兄,抓走的是百姓们的子弟，毁坏了他们的宗庙，抢走了他们的宝器，百姓家破人亡，妻离子散。大王啊，您不是把老百姓从水深火热中解救出来，而是把他们推向更大的灾难！他们怎么能容忍这一切呢？如果您让他们的生活陷入更加困苦的境地，那他们就会放弃您，去寻求其他的活路了。"

齐宣王心里明白，孟子说的正是自己的军队打到燕国后的种种劣行。他自知理亏，但还是不甘心，便问道："可是别的诸侯国怎么会谋划着来救助燕国呢？"

孟子一听齐宣王这么问，心里更加失望了：这个齐宣王还是更加相信霸王之道呀，我之前多次劝说他爱护百姓，实行王道，看来都是做了无用功了。

但是他还是平静了一下，说："各诸侯国本来就害怕齐国强大，担心有一天会被吞并。现在齐国的土地又扩大了一倍，他们就更担心了。这个时候如果您能获取燕国百姓的信任，使他们都一致拥戴您，各诸侯王也不能拿您怎么样。可是大王您攻下燕国后，既不施行仁政，也没有安抚燕国民众，反倒引发燕人的众怒，失去了燕人的民心。这是多么好的攻击齐国的机会啊，所以必然会激起各诸侯国兴兵伐齐。"

齐宣王说："老先生，我明白了。可是眼看各诸侯国要来讨伐了，怎么办呢？"

孟子说："大王您赶快发布命令，放回燕国老老少少的俘虏，停止搬运燕国的宝器，再和燕国的众人商议，为他们选立一位国君，然后从燕国撤回齐国的军队。这样做，还能来得及制止各国兴兵伐齐。"

齐人伐燕,取之。诸侯将谋救燕。宣王曰:"诸侯多谋伐寡人者,何以待之?"

孟子对曰:"……今又倍地而不行仁政,是动天下之兵也。王速出令,反其旄倪,止其重器,谋于燕众,置君而后去之,则犹可及止也。"

——《孟子·梁惠王下》

◎ 注释

①旄倪:即老幼。旄,古同"耄",年老,高龄。倪,弱小,小孩。②重器:指国家的宝器。

◎ 译文

齐国人攻打燕国,占领了燕国。一些诸侯国谋划着要去救助燕国。齐宣王说:"不少诸侯在谋划着要来攻打我,该怎么办呢?"

孟子回答说:"……现在齐国的土地又扩大了一倍,而且不施行仁政,就必然会激起天下各国兴兵。大王您赶快发出命令,放回燕国老老小小的俘虏,停止搬运燕国的宝器,再和燕国的人们商议,为他们选立一位国君,然后从燕国撤回齐国的军队。这样做,还来得及制止各国兴兵。"

## 知识拓展

1. 齐人伐燕

齐宣王二年（前318年），燕王哙（kuài）将君位让给相国子之，燕国人不服气，太子平和大将军市被进攻子之，子之反攻，杀死了太子平和市被大将军，国内一片混乱。"因构难数月，死者数万，众人恫恐，百姓离志。"（《史记·燕召公世家》）齐宣王趁机进攻燕国，很快就取得了胜利。

2. 燕人迎齐军

燕国的国相子之当上君王后，把国内政治搞得很乱，百姓恐惧。因为燕国人民痛恨子之，所以齐宣王进攻燕国时，燕国人对齐国的进攻反而表示欢迎。《战国策·燕策》记载，当齐国的军队攻打燕国时，燕国"士卒不战，城门不闭"，因此齐国军队用50天时间就攻进了燕国的国都，燕王哙被杀，子之被擒后处以醢（hǎi）刑（古代把人剁成肉酱的酷刑）而死。后来齐军在燕国大肆屠杀抢掠，十分残暴。燕国百姓于是又纷纷起来反对齐军，齐军不得不退出燕国。

## 13. 出乎尔者，反乎尔者也

战国中期，邹国与鲁国发生了一次交战。虽然是一次不大的冲突，但是却因为战争的结果而被大家说来道去。这场战争的结果非常有意思，可以说是史上少有：邹国参加战争的军队里面，军官死了33个，但是士兵竟然一个都没有死。

邹国的邹穆公非常恼火，想搞清楚到底是怎么回事。所以他就请来博学多识的孟子问个究竟。

邹穆公对孟子说："先生啊，你说气人不气人。这次邹鲁交战，我手下的军官死了33个，可是现场那么多百姓和士兵，他们却没有一个为国牺牲的。他们眼睁睁看着自己的长官战死，也没有一个上

去救援的。这些士兵和百姓太可气了。我要是杀他们吧，那么多人，也不能都杀了呀。我要是不杀他们吧，又实在恨他们眼睁睁地看着长官被杀却不去营救。到底怎么办才好呢？"

孟子一听就明白了，这都是这些官吏自作自受的结果。他们平时实行暴政，横征暴敛，不顾百姓死活。百姓恨不得天降神兵把这些贪官污吏都掠了去，为民除害。现在机会来了，他们怎么会帮助压迫自己的暴徒呢。

于是，他回答邹穆公说："大王，您也明白，凡事有因就有果。人生来就有恻隐之心，连一个陌生的小孩将要跌落到井里去时，大家都会毫不犹豫地拉他一把，更何况是为百姓服务的官吏呢？难道百姓会无缘无故看着自己国家的军官遭难而不管不顾吗？百姓们看到这些官员遭遇灾难而见死不救，都是这些人罪有应得，咎由自取呀！"

邹穆公说："这话从何说起呀？他们都是国家的栋梁，是保护百姓、保卫疆土的将帅，是为百姓服务的官员。百姓们感激他们还来不及呢，怎么会盼着他们被杀害呀？"

孟子说道："大王，您知道吗？灾荒年岁，您的老百姓，年老体弱的跑不动了，只能到附近的荒山野岭去兜兜转转，寻找一些野菜野果充饥；年轻力壮的就四处逃荒，寻找吃的，这样食不果腹的百姓差不多有上千人呢。"

邹穆公说："啊！我不是很清楚这些情况呀。我的国家里会有这样民不聊生的情况吗？"

孟子气愤地说："您当然不清楚了！您手下的官吏们没有把老百姓的灾情如实汇报给您。他们为了保全自己，要么只给您汇报好消息；要么克扣您赈济百姓的粮食，中饱私囊。平日里，他们不关心百姓，没有把百姓的死活放在心上，这不就是残害百姓的表现吗？一边是饿死的百姓，一边是您堆满粮食的粮仓和装满财宝的国库。老百姓心里充满怨恨，巴不得这些当权的人也饿死才好呢。"

邹穆公说："原来是这样啊。我明白了，战争来了，这些官吏陷入困境遭到杀戮时，老百姓不会管他们，也不把他们的死活放在心上，甚至还会盼着他们被杀死呢，正好为民除害了。"

孟子说："是啊。您现在却要惩罚百姓，有道理吗？再这样下去，老百姓估计要盼着邹国亡国，邹王被杀才好呢，以便让清明的君王来管理他们。"

邹穆公一听，也着急了，问道："老先生，你说我该怎么办呢？"

孟子说:"上慢而残下,官员不关心百姓,让百姓遭受苦难,这才是军官惨遭杀戮的罪魁祸首。曾子曾经说过:'小心啊,小心啊!你怎样对待别人,别人也会怎样对待你。'现在就是老百姓报复他们的时候了。"

邹穆公说:"老先生,不要再说了,我都明白了。你说怎么办呢?"

孟子说:"您不要归罪于老百姓,更不能惩罚和杀害他们。只要您从现在开始一点一点施行仁政,关心爱护百姓,百姓也会慢慢关心爱护官员。上下一心,事情就好办了。如果当权者关爱百姓,老百姓自然就会亲近当权者,也肯为他们的长官牺牲了。这样发展下去,邹国怎么会灭亡呢?"

戒之戒之!出乎尔者,反乎尔者也。

——《孟子·梁惠王下》

◎ 译文

小心啊,小心啊!你怎样对待别人,别人也会怎样对待你。

## 知识拓展

君之视臣如手足,则臣视君如腹心;君之视臣如犬马,则臣视君如国人;君之视臣如土芥,则臣视君如寇仇。(《孟子·离娄下》)

## 14. 浩然之气

在中国思想史上，孟子自尊、自负、无所畏惧，充满自信，尤其是他倡导的浩然之气，具有无比强大的精神力量，得到历代文人志士的推崇。拥有这种精神的人，面对外界一切精神和物质的诱惑、威胁，都能处变不惊、镇定自若，达到视死如归、"不动心"的境界。这也就是孟子曾经说过的"富贵不能淫，贫贱不能移，威武不能屈"的高尚情操。

那么怎么培养这种浩然之气呢？孟子和他的学生公孙丑详细讨论过这个问题。

这一天，公孙丑听完老师讲解意气的问题，但是总觉得没听明白老师的意思。

公孙丑问："先生，我不明白您说的'保持自己的意志，不要糟蹋自己的意气'到底是什么意思。"

孟子回答道："这个要自己好好想想。平时你们做一件事，东看看，西看看；想想这个，又想想那个，注意力不集中，能很快做完做好这件事吗？"

公孙丑说："没有目标，还不集中精力好好做，好像很难把事情做好。"

孟子说："这就对了。如果专注于某一方面，一心一意只想做好这个事。你身体里的意气感情也会不自觉地转移到这里，你就可以集中一切力量把这件事做好了。

"如果意气感情专注于某一方面，就像磁铁会吸住大大小小的铁块一样。于是你生理上的自然血气、你自己坚忍不拔的精神头儿和你要做的事儿都被吸引在一起，从主观到客观、从内到外，你"心理"与"生理"是融合为一的。因此'夫志，气之帅也；气，体之充也'，'志壹则动气，气壹则动志'，就能集中精力做好要干的事了。所以培养个人内心的浩然之气很重要。"

公孙丑问："浩然之气？先生，那该怎样培养这种浩然之气呢？"

孟子说："这种气，必须与仁义、道德配合，就像我们要吃饭、睡觉一样。如果不吃饭、不睡觉，我们就没有力量了。这种气，最伟大，最刚强，要用正义去培养它，顺其自然，一点儿也不要伤害它，它就会充满天地间，无所不在。"

公孙丑问："先生，如果像您说的这样，那么拥有这种精神力量，不就天下无敌了呀！"

孟子想了想，说道："这种发现自己、肯定自己、坚守自己精神力量的浩然之气，是由正义积累产生的。这种气不是心外之物，我们必须把它看成心内之物培养它，时时刻刻记住它，自然而然地培育它就可以。切记，不能违背规律帮助它生长。"

公孙丑说："先生，请您举个例子讲讲吧。"

孟子说："好吧。宋国有一个农夫，他担心禾苗长得太慢，就辛辛苦苦一棵一棵把它们都拔高了一些。忙活了一阵子，这个农夫累坏了。他非常疲倦地回到家里，说：'快给我弄些吃的来。今天可把我累坏了！我帮着地里的禾苗都长高了些！'他儿子很奇怪，禾苗生长要慢慢来，怎么可能一天就长高了呢？他赶快跑到田地里去看个究竟，到了地里一看，傻眼了。地里的禾苗都蔫（niān）了，枯萎了。"

公孙丑说："我明白了。这位农夫不是拔苗助长，得不偿失吗？他违背了禾苗的生长规律，只会毁了它。按照禾苗的生长规律，每天兢兢业业地施肥、除草，禾苗肯定会一天天长高长大，等到秋天就能收获饱满的稻米了。"

孟子说:"我们培养自己的浩然之气也是这样。每天辛勤劳作,如果一时半会儿看不到成绩,就觉得这样辛苦对培养浩然之气没有什么帮助,于是就放弃不干了。那就像是只种庄稼不锄草的懒汉一样,庄稼是不会获得丰收的。但是如果违背禾苗的规律去人为地帮助它生长,就像这个拔苗的宋人一样,也会害得禾苗都枯萎了。"

公孙丑终于听明白什么是浩然之气了,非常兴奋,抢着说道:"我们个人心性品格的培养也要依照它本身的规律细细耕耘,精心培养,不能操之过急。否则不但没有好处,反而会受到伤害。"

其为气也,至大至刚,以直养而无害,则塞于天地之间。其为气也,配义与道;无是,馁也。是集义所生者,非义袭而取之也。行有不慊于心,则馁矣。

——《孟子·公孙丑上》

◎ 注释

①慊:满足,满意。②馁:丧失勇气。

◎ 译文

这种气最伟大、最刚强,用正直去培养它而不损害它,它就会充满于天地之间。这种气,必须与仁义、道德配合,如果不是,就会泄气。它是由正义集聚在心中而生起的,不是凭偶然的正义行为所能获取的。只要做于心有愧的事,就会失去这种勇气。

## 知识拓展

浩然之气的精神对中华文化的文化特质和思想影响深远,比如南宋·文天祥有一首诗叫《正气歌》。诗中写道:"天地有正气,杂然赋流形。下则为河岳,上则为日星。于人曰浩然,沛乎塞苍冥……"意思是说,浩然正气存在于宇宙间各种不断变化的形体之中。在大自然,便是构成日、月、星辰、高山大河的元气;在国家、民族危难关头,便表现为仁人志士刚正不阿、宁死不屈的气节。社会秩序靠它维系而得以长存,道义是它产生的根本。诗中还描述了历史上富有正气的代表性历史人物:不怕杀头仍秉笔直书的晋国史官董狐;坚贞不屈,誓死不降,在匈奴牧羊十九载的苏武;率部渡江北伐、中流击楫、发誓收复中原的东晋名将祖逖……这说明浩然之气长存于天地之间。

## 15. 何谓大勇

孟子主张一个人要培养自己的浩然正气,其中培养大勇之气是非常重要的一部分。一个人的大勇之气,是个人理性的选择,它更加考验个人的智慧、伦理观念和道德理念,而不是自然的生理的冲动反应。

公孙丑是孟子比较喜欢的学生,有时候他问孟子的问题很尖锐。

公孙丑曾经问过孟子:"先生,要是您能担任齐国的卿相大官,推行您所主张的王道和仁政,而成就霸业。这样先生能够得到发挥才能的官位,并能推行自己的主张,您会动心吗?"

公孙丑用孟子这一生最想实现的梦想和最大的心愿来诱惑孟子,反问孟子。

孟子听后,笑了笑,说:"不,我40岁以后就不动心了。"

这个回答让公孙丑比较意外。不过,公孙丑是孟子的学生中年龄比较大又博学多才的好学生。他反应很快,随即说道:"那先生您比卫国的孟贲(bēn)强多了。孟贲为了展现自己的勇力,与秦武王一起去举九龙神鼎,没想到因此遭罪,结果不光自己被杀,还株(zhū)连九族都被杀头了,一下死了那么多人。这个孟贲不如先生您活得明白,他不知道自己的才能有时候也可能带来杀身之祸呀。"

孟子平时就喜欢

和公孙丑讨论比较高深的问题，这次他也很有兴致。他继续引导公孙丑，说道："其实做到不动心并不难，告子做到不动心比我还要早呢。"

公孙丑不愧是孟子的好学生，非常爱思考问题、探究真理。他马上问道："请先生指教，做到不动心有什么诀窍吗？"

孟子说："有。我们拿同样有勇力的北宫黝（yǒu）和孟施舍（shè）比较一下你就明白了。"

公孙丑恭敬地站在老师旁边，洗耳恭听。

孟子说："北宫黝和孟施舍的不动心是不一样的。北宫黝培养自己勇气的方法是：肌肤被刺破了照样一动不动；眼睛被戳伤了，也不眨一眨。所以他的不动心，是觉得自己有勇力，遇到事儿，一定要获胜，一点儿也不愿意在别人面前表现出胆小的样子来。因此哪怕他有一根毫毛被别人伤害时，也觉得像是在大庭广众下遭到鞭打一样，一定要反击。不管是贫贱的人，还是大国的君主，在他看来都一样。他把刺杀大国君主看作如同刺杀普通平民一样，因为他觉得自己很有勇力，不应该害怕什么事儿了。所以他也不畏惧各国诸侯王，受到辱骂他就必然要回骂。"

公孙丑问："先生，北宫黝是不是有点儿不分好坏，不管是贪官、清官，还是百姓、强盗，一味使用蛮力反击，只在乎自己的好胜心。不过，不是所有的勇士都这样吧？著名的孟施舍培养勇气的方法和北宫黝就不一样吧？"

孟子一边看着窗外，一边对公孙丑说："你说得对，大家对待大勇的看法是不一样的。孟施舍认为：靠自己的力量战胜对手并不难，但是拥有敢于和对手交战无所畏惧的勇气才是最重要的。"

"孟施舍的不动心就是：遇到什么对手都敢走向前去迎战，不管胜败如何。他对待不能战胜的对手和对待一定能获胜的对手是一样的，他都有敢于迎战的勇气。对方是一个人，他敢去迎战；对方是一群人，他也敢迎战。这就是他的勇气。他觉得，如果一个勇士先看清敌方力量的强弱然后才前进，想想是能打赢还是会打败才交战，这种人遇到对手人多势众的时候一定会害怕。这样是可耻的。怎么能因为必胜才去战斗呢？要无所畏惧，不管对手怎样，都要有迎战的勇气，这才是男儿该有的血气呀！"

公孙丑说："是，这两个勇士的勇气有很大的差别，但是好像都不是您平时给我们讲的真正的勇气。"

孟子说："对呀。虽然孟施舍面对困难，无所畏惧，凡事专注于自己的能力和觉悟。北宫黝是以必胜为主，凡事要看对手的态度。但是这两个人都是血气用事，分不出上下来。如果非要说出个高低来的话，孟施舍好一些，主要专注于自己；不像北宫黝要看别人的情况来决定，不太好控制。"

公孙丑问："弟子觉得他们两个和您的想法好像还是有差别。"

孟子笑笑，说："我认为要有大勇才行。"

公孙丑说："请先生详细讲讲。"

孟子说："从前曾子告诉子襄说'你崇尚勇敢吗？我曾经在孔子那里听到过关于大勇的道理：自我反省，要是理屈的话，纵然只是面对穿着粗布衣服的平民，我能不害怕吗？自我反省，只要是合乎义理的事儿，纵然面临千军万马，我也一样勇往直前'。"

公孙丑恍然大悟道："先生，我明白了，真正的大勇不是北宫黝生理冲动的必胜之心，也不是孟施舍源自生理上的一腔血气，是以理性的、带有伦理道德色彩的'义理'为根基的。也就是说只要是合乎义理的事儿，不管多么困难，也不管遇到多么强大的对手，都要勇敢面对，如果是不合乎义理的事儿，不管多么容易，也不管遇到多么柔弱的对手，都要知道害怕，要拒绝。"

吾尝闻大勇于夫子矣：自反而不缩，
虽褐宽博，吾不惴焉；自反而缩，虽千
万人，吾往矣。

——《孟子·公孙丑上》

◎ 注释

①褐：粗布或粗布衣服。②宽博：指衣服宽大。③惴：心里不安。

◎ 译文

我曾经在孔子那里听到过关于大勇的道理：自我反省，要是理屈的话，纵然只是面对着穿着粗布衣服的平民，我能不害怕吗？自我反省，只要合乎义理，纵然面临千军万马，我也一样勇往直前。

### 知识拓展

1. 见义不为，无勇也。(《论语·为政》)

2. 子路曰："君子尚勇乎？"子曰："君子义以为上，君子有勇而无义为乱，小人有勇而无义为盗。"(《论语·阳货》)

## 16. 自求多福

《孟子》这部书，和春秋战国时候的其他古籍一样，常常引用《诗经》里的话来说明道理，申明大义。这是当时的人们谈话的一个习惯，所以孔子也曾说过"不学《诗》，无以言"。孟子曾用《诗经·文王》中"自求多福"的道理来讲解寻求仁政的必要性。

经过多年苦读，孟子学业有成，形成自己的道德理念、王道思想和自我精神追求后，曾从不同角度，在不同的地方，给不同的人，一次次讲述仁政理想。

这一天，孟子的学生坐在大树下，问三问四，孟子听到大家问得最多的还是仁政的问题。他想：有必要给大家一个明确的指导了。

看大家拉弓射箭，玩了一阵后，孟子说："我听你们议论了很长时间了，有的同学还是不能辨明关于仁政的问题。今天，我们就来说说仁政。大家觉得仁政的基础是什么呢？"

有人说是国富民强，有人说是要有个理想的贤明的君主才行……

孟子说："大家说的都有一定的道理。仁政的基础就是要以德服

人。以德服人的根本在于自身的选择，就像孔子说的'为仁由己，而由人乎哉'。我们走什么样的道路，用什么办法处理事情，都是自己决定的。同样，施行仁政、培养仁德的行为等也都是由自己来决定的。选择不同的道路，就要承担不一样的后果。"

万章问："如果治理国家的人实行仁政，这个国家会发生什么变化呢？"

孟子说："如果诸侯卿相实行仁政，尊重有仁爱德行的人，杰出的人能得到官位，那么，天下的士子都会从心里愿意到他这里来，到他的国家来找个一官半职了。"

万章说："如果有这样的君王和卿大夫重用有能力的人，我们也愿意辅佐这样的君王，或是卿大夫。"

孟子笑了笑，说道："你说的这是士子的心愿。商人和百姓也有他们的心思。如果一个国家在市场上依法征购，不滥收货物税，那么，天下的商人知道在这个国家可以放心经商，都会高兴地把货物存放在这个国家的市场里。如果让耕田的人有自己的田地耕种，不滥收田地税，那么，天下的农夫知道到这个地方能够安心种田，勤劳致富，他们就会非常乐意到这个国家来种庄稼了。人们居住的地方，没有额外的雇役钱和地税，那么，天下的百姓都会奔走相告，聚集到这个地方来，愿意在这里居住。"

大家七嘴八舌地说："要有这样的好地方，我们也愿意去那里生活。"

孟子说："所以说，如果管理国家的人真正能够做到这些，那么，邻国的老百姓都会像对待父母一样地爱慕这些管理者了。这就是我给大家说过的，依靠仁爱德政，能使百姓服从的人，大家从心里愿意归顺他。

"但是如果诸侯卿相不爱护百姓，不为民着想，不多做仁德的事儿，就会遭受屈辱，就算是被杀戮，百姓可能也不会去救护他们。邹鲁之战就是这样，眼看着邹国的将帅被杀，百姓也不帮忙。他们平时不顾百姓死活，百姓自然也对他们不管不顾。虽然有的人非常厌恶遭受屈辱,但仍然做着不仁德的事。怎么说呢?这好像是一个人厌恶潮湿的地方,可是他却一次次往低洼的地方跑。"

公孙丑说:"先生说得对呀。这是多么简单的道理,可还是有人执迷不悟,自取其辱。《诗经》中说:'趁着雨没下来,云没出来,从桑树根上剥些皮,把门窗都修理好。'这样就不怕狂风暴雨吹打了。"

万章说:"就像您说的那样。如果诸侯卿相以德为贵,尊重士人百姓,帮助大家建功立业,安居生活,那么百姓也会信任他,尊重他,关心他,把他看作自己的父母一样。那么还有谁敢侮辱他呢?如果邻国之君要来攻打他,就好比率领儿女来攻打他们的父母一样,老百姓怎么会答应?自从有人类以来,率领儿女攻打他们父母这种事是绝不可能成功的。"

孟子说:"万章说得很对。那些追求享乐,怠惰游玩的诸侯卿相,平日里无心治理国家,不关爱百姓,就像是不喜欢潮湿的地方,却还一次次往湿洼地里跑一样,自求祸害!所以说,祸害和幸福都是自己找来的。《诗经》中说:'我们永远要与天命相配,自己去寻求更多的幸福。'《尚书》中也说过:'天降的灾害还可以躲避,自作的罪孽,逃也逃不了。'就是这个意思。"

祸福无不自己求之者。《诗》云:"永言配命,自求多福。""《太甲》"曰:"天作孽,犹可违;自作孽,不可活。"此之谓也。

——《孟子·公孙丑上》

◎ 注释

① 《太甲》：《尚书》篇名，今文古文都没有流传下来。

◎ 译文

祸害或者幸福都是自己找来的。《诗经》中说："我们永远要与天命相配，自己去寻求更多的幸福。"《太甲》也说过："天降的灾害还可以躲避，自作的罪孽，逃也逃不了。"正是这个意思。

## 知识拓展

孟子曰："不仁者可与言哉？安其危而利其菑（zāi），乐其所以亡者。不仁而可与言，则何亡国败家之有？有孺子歌曰：'沧浪之水清兮，可以濯我缨；沧浪之水浊兮，可以濯我足。'孔子曰：'小子听之！清斯濯缨，浊斯濯足矣，自取之也。'夫人必自侮，然后人侮之；家必自毁，而后人毁之；国必自伐，而后人伐之。《太甲》曰：'天作孽，犹可违；自作孽，不可活。'此之谓也。"（《孟子·离娄上》）

这就是说：自己先迷失正路，才招致别人的侮辱。自己先毁坏家庭，才给别人有可乘之机。国家无道，政治黑暗，内乱四起，别人才趁乱而入，导致国破败亡。

## 17. 四端说

孟子有个学生,名字叫公都子。公都子虽然学习东西有些愚钝,但是勤学好问,擅于思考。

关于人生来是善是恶的问题,公都子听到了好几个说法,越听越迷糊。他一会儿听告子说,人生来是没有善恶心的;一会儿又听人说,人生来是有善恶心的;一会儿又听说,有的人本来生来是善良的;也有人说人生来就是恶的。

他想来想去,想不明白,于是找到老师孟子,问道:"先生,您常常说人生来本性是善良的。那么,那些说本性没有善恶心的人是错误的吗?"

孟子一听就知道,这个好学的公都子肯定是学习别人的学问去了,把自己弄迷糊了。

孟子说:"这样跟你说吧。如果现在有一个小孩子要跌到井里去了,不管是谁,只要看到都会马上就有惊骇和同情的心情,是吗?"

公都子想了想,说:"是。"

孟子说:"大家这样做,是为了要和这小孩的爹娘攀结交情吗,是为了要在乡里朋友中间博取名誉吗,还是厌恶那小孩的哭声才这

样做的呢?"

公都子说:"这是偶然发生的事儿,救孩子都是大家的第一反应,怎么会想到这么多事儿呢?肯定都不是为这些呀。"

孟子说:"所以我说每个人天生都有怜恤(xù)别人的心。"

公都子说:"是。老师您一说这个故事,我也有马上想帮助这个小孩的冲动。"

孟子说:"所以说,人有了怜悯之心,就会有同情心、羞耻心、推让心和是非心。就像人有了身体,就会有四肢一样。

"同情之心是仁的萌芽,羞耻之心是义的萌芽,推让之心是礼的萌芽,是非之心是智的萌芽。这就是我常常说的'四端'。人生来就有这四种萌芽,正好比他生来就有手足四肢一样,是自然而然天生的。"

公都子说:"老师,有人为自己作恶行为辩解,说:我才没有什么'四端'呢!那不就像自己要砍掉自己的四肢一样,自己残害自己吗?"

孟子说:"对。"

公都子问道:"老师,怎样才能发挥自己仁义的本性呢?"

孟子夸赞他说:"这个问题问得好。所有具有这四种萌芽的人,如果晓得把它们扩充起来,便会像刚刚烧燃的火,不可扑灭;像刚刚流出的泉水,汇为江河。有恻隐之心,就知道自己不能忍受的是什么,发展起来就是寻求仁德之心了;有羞恶之心,就知道什么该做,什么不该做,发展起来就是寻求义的行为了;有辞让、是非之心,也就知道什么是礼,什么是智慧了。假若能够扩充这四端,就足以安定天下了。"

公都子听得很高兴,问道:"先生,有没有先贤已经做到了这些,是我们学习的好榜样呢?"

孟子说:"公都子,你今天问的问题都很好。有很多先贤圣达已经终生践行了自己的'四端'之心了。比如子路,别人把他的错误指点给他，他便高兴。禹听到了善言，他就给人敬礼。伟大的舜更是了不得，从他种庄稼、做瓦器、做渔夫一直到做天子，没有一处优点不是从别人那里吸取来的，吸取别人的优点然后自己广施善行，这就是协同别人一道行善。所以君子最高的德行就是协同别人一道行善，充分发挥仁义礼智的品行。君王要是发扬'四端'，关爱百姓，自然也就深得民心，他的天下怎么可能会不太平呢？"

恻隐之心，仁之端也；羞恶之心，义之端也；辞让之心，礼之端也；是非之心，智之端也。人之有是四端也，犹其有四体也。

——《孟子·公孙丑上》

恻隐之心，仁也；羞恶之心，义也；恭敬之心，礼也；是非之心，智也。仁义礼智，非由外铄我也，我固有之也，弗思耳矣。

——《孟子·告子上》

◎ 注释

①端：开头，发端。

◎ 译文

同情之心是仁的萌芽，羞耻之心是义的萌芽，推让之心是礼的萌芽，是非之心是智的萌芽。人有这四种萌芽，正好比他有手足四肢一样（是自然而然的）。

同情心属于仁，羞耻心属于义，恭敬心属于礼，是非心属于智。仁义礼智不是外人给我的，是我本来就具有的，只不过不曾探索过它罢了。

## 知识拓展

《孟子》一书中共有两章谈及"四端"，一次是一般性的论述，出现在《孟子·公孙丑上》中，没有涉及"四端说"形成的背景和原因；另一次在《孟子·告子上》中，孟子与同一时代的人争论人性善恶问题时，提出了"四端说"。

## 18. 得道者多助，失道者寡助

《孟子》这部书记载了孟子和他的学生相处时讨论不同问题的内容，最吸引我们的就是他们师徒孜孜不倦，追求人间正道的精神。师徒双方互相砥砺，令人感动，尤其是他们之间的论辩充满了他们的批判精神，体现了他们独立思考的能力。

这一天，孟子师徒又在一起学习讨论。孟子跟大家说："今天，我们来说说怎样才能打胜仗，你们先来说说吧。"

有的弟子说："得有足够多的士兵才能打胜仗。"

有的弟子说："得有高级的战车武器才能打胜仗。"

有的弟子说："得有充足的粮草才能打胜仗，吃不饱、穿不暖可不行。"

孟子说："大家说的都有道理。我们这样来想想，譬如有一座小城，内城三里，外城七里。这么小的一座城池，敌人围攻它，却不能获胜。这是为什么呢？"

大家陷入沉思，然后开始讨论起来，他们认为：有时候作战要借助自然的力量，水攻、火攻都是好的战略战术。

孟子说："有一定道理。不过，大家想想，双方打仗，作战时的自然气候条件一定很好。如果长期围攻城池，却不能取胜，一定是因为这座城池坚固，牢不可破。这就是说，双方打仗，有时候有利的天时不如有利的地时。"

有的弟子说：

"对。我们正说着呢，如果地势有利，水攻和火攻城池都没用。这就是说有时候双方交战天时不如地利。"

孟子又问道："如果另有一座城池，城墙又厚又高，护城河又宽又深，士兵的兵器和盔甲锐利坚固，粮食也很充足，可是敌人一来，大家都弃城逃走，这又是怎么回事儿呢？这样能打胜仗吗？"

弟子们不禁议论起来说："这就太奇怪了，兵精粮足，为什么急着弃城逃跑呀。"

公孙丑说："孔子说过'苛政猛于虎'。统治者一层层盘剥百姓，百姓都快活不下去了，正盼着跳出火海呢。攻城的来了，正好赶走这个恶魔般的官吏，说不定能来一个爱护大家，让大家吃饱穿暖的官员呢。"

孟子说："公孙丑说得很好。城池牢固，粮食充足，都不是能打胜仗的关键因素。打胜仗最重要的是人心团结一致，也就是士兵和百姓一条心。"

咸丘蒙说："也就是先生您之前说过的'地利不如人和'吧？"

孟子说："对。施行仁政的人，大家跟着他能安居乐业，过上好日子，所以，大家都从心里愿意跟随他，帮助他。如果君王不断地施恩于百姓，可能别的国家的百姓也愿意跑到他这里来，那么，帮助他的人就会越来越多。不施行仁政的人，百姓日子清苦，到处奔波讨生活，只求吃饱穿暖，那么，帮助他的人就会越来越少。一国国君，帮助他的人少到极点时，连亲戚都会反对他；帮助他的人多到极点时，全天下都会顺从他。"

弟子们都说："明白了。这就是老师常说的老百姓不是靠封锁边境线就可以限制住的，国家也不是靠山川险阻就可以保住的。"

孟子总结道："威行天下不必凭兵器的锐利，施行仁政才是吸引天下人的根本，拿全天下归顺的力量来攻打亲戚都反对的人，那么，仁君圣主要么不发动战争，如果发动战争，就一定会获胜。"

得道者多助,失道者寡助。寡助之至,亲戚畔之;多助之至,天下顺之。

——《孟子·公孙丑下》

◎ 注释

① 畔:同"叛"。

◎ 译文

行仁政的人,帮助他的人就多;不行仁政的人,帮助他的人就少。帮助的人少到极点时,连亲戚都反对他;帮助他的人多到极点时,全天下都顺从他。

## 知识拓展

关于天、地、人三者的关系问题,是古往今来人们一直关注的。孟子在这里主要是从军事方面来分析论述天时、地利、人和之间的关系,观点鲜明:"天时不如地利,地利不如人和。"三者之中,"人和"是最重要的,是起决定作用的因素,"地利"次之,"天时"又次之。孟子重视人,强调"民为贵,社稷次之,君为轻"。所以,他论述"天时""地利""人和"关系时,也是从强调"人和"的重要性出发,从而得出了"得道者多助,失道者寡助"的结论。

## 19. 孟子葬母

孟子的母亲是历史上非常著名的会教育孩子的母亲，和她相关的教育孩子的故事有"孟母三迁""孟母断机教子""孟母买肉""孟子休妻"等。《孟子》一书中只有孟母去世时孟子奔丧的记载，其中孟子葬母还受到大家的非议。

故事是这样的，孟子的母亲去世的时候，孟子正在齐国游历。他从齐国到鲁国埋葬母亲后，又回到齐国，住在嬴县这个地方。

来回奔波，加上丧母之痛，孟子很疲倦。孟子安顿好后，跟随他的学生充虞提出自己的疑问："承蒙先生看得起我，让我监理您母亲棺椁（guǒ）的制作。因为前一阵子举行丧礼时大家都很忙乱，虽然我有疑问，也没敢请教您。今天我想请教先生：您使用的棺木似乎太好了。"

孟子一听，心里大概明白了充虞的意思。他知道这是很多人的疑问，大多数人对自己的行为是不认同的。其实这些人都没能真正明白什么是真正的孝道。

孟子想：我正好趁机教导教导弟子，让他明白什么是真正的孝道，也要天下人都听听我的孝亲观。

孟子回答道："充虞啊，这个问题问得好，问得很及时啊。我来给你说说吧。上古时期，大家对棺椁的尺寸，没有一定规矩；到了中古时期，才规定棺厚七寸，椁的厚度以和棺木相称为准。从天子到老百姓，大家越来越讲究棺椁的木料和木材的厚度。你知道真正的原因是什么吗？"

充虞说："为了尽孝呀。"

孟子问："如果是为了尽孝，使用什么样的棺椁才算是尽孝了、称心了呢？"

充虞一时说不出来了。

孟子说："如果按照国家的法律规定，平民不能用上等木料做棺椁，对于比较富裕的平民来说，就不能称心如意地尽孝。但是，如果有人依照身份和地位用上等木料，而有的人家境相对贫困，没有足够的钱购买上等木料，也还是不称心。所以，既有用上等木料的社会地位，又有购买木料的财力，就可以购买精美的木料。古人都如此做了，我为什么不能做呢？我有客卿的地位，又有丰厚的俸禄，完全可以购买上等的棺椁呀。我购买精美的棺椁不仅是为了美观，而是要尽心尽力、诚心尊崇父母，才算尽了孝子之心。"

充虞还是不能很好地理解老师的意思。孟子的另一个学生乐正子就比较理解孟子的心意。

乐正子在鲁国做官时，当时执掌政权的是鲁平公。有一次鲁平公说好了要去拜访孟子，可是后来没去。乐正子问鲁平公是怎么回事儿。

鲁平公说："有人告诉我说，孟子办他母亲丧事的排场，大大超过他以前办父亲丧事的排场。孟子不孝，孟子无礼，所以我不去看他了。"

乐正子说："您所说的超过是什么意思呢？是孟子办父亲的丧事用士礼，办母亲的丧事用大夫之礼呢；还是孟子办父亲的丧事用三个鼎摆设供品，办母亲的丧事用五个鼎摆设供品呢？"

鲁平公说："不是，我说的是棺椁衣衾（qīn）的差别。"

乐正子说："那不能叫'超过'，只是因为他家前后贫富不同罢了，所以买的棺椁衣衾不同。尽孝不在形式，而是根据自身实际的地位和财富等情况，尽心尽力才是孝道。"

礼义由贤者出，而孟子之后丧逾前丧。

——《孟子·梁惠王下》

古者棺椁无度，中古棺七寸，椁称之。自天子达于庶人，非直为观美也，然后尽于人心。

——《孟子·公孙丑下》

◎ 注释

①棺椁：古代棺材分内外两层，内层叫棺，外层的套棺叫椁。

◎ 译文

礼义是贤者所提倡的，而孟子为母亲操办丧事的规格超过先前为父亲操办丧事的规格，（所以孟子未必是贤德之人吧）。

上古对于棺椁的尺寸，没有一定规矩；到了中古，才规定棺木厚七寸，椁木以与棺木的厚度相称为准。从天子到老百姓，讲究棺椁的质量，不仅是为了美观，也是因为这样才能尽到孝心。

## 知识拓展

1. 孟子的丧葬观

对于亲人的丧葬,孟子认为竭尽全力做好父母的丧事是子女的分内之事,"亲丧固所自尽也"(《孟子·滕文公上》)。不管什么情况,都不应当在父母身上省钱。"吾闻之也:君子不以天下俭其亲。"(《孟子·公孙丑下》)

2. 《孟子》中的"孝"

《孟子》书中"孝"字出现28次,有25章专讲与"孝"相关的问题,其他章节中与"孝"相关的语句还有近30处。孔子基本上都是从家庭伦理与个人道德角度论"孝",而孟子论"孝"的广度与深度都发生了变化。他既把"孝"当作家庭伦理与个人道德问题对待,又把"孝"纳入整个社会政治、经济问题之中,同时又把"孝"与人性问题联系在一起进行讨论。

## 20. 贱丈夫

齐宣王虽然尊重孟子，也曾多次与孟子探讨治理国家的办法，比如他曾经咨询孟子征伐燕国等重要国事问题，但是对于孟子倡导的仁政和王道，他只是表面上答应，在管理国家事务时并没有真正推行以民为主的治国方法。

孟子从54岁游历到齐国，过了六七年后，他觉得待在齐国不能推行自己的政治主张，王道不可行，继续在齐国待着也没有意义。孟子约60岁时，辞去齐国的官职，准备回故乡。

在孟子离开齐国前，齐宣王到孟子家中去见孟子，说道："过去你没到齐国来，我常常希望看到你，却不容易实现；后来你来到齐国，我们能够同住在齐国，可以常常见面，我很高兴；现在你又将抛弃我回去了，不知道我们以后还可以相见吗？"

孟子看到齐宣王亲自过来，他心里还留着对齐宣王的一丝幻想。齐国是强国，齐宣王又年轻有为，齐国是推行仁政比较理想的诸侯国，孟子还是希望能在齐国推行仁政。所以，孟子想了想，答道："我只是不敢请求您罢了，我本来是很希望能长期留在齐国，辅助君王您的。"

齐宣王听孟子这么一说，没有接孟子的话。当时齐宣王也明白孟子想要离开齐国的原因，是因为孟

子和自己所推行的治国想法不太一样：一个王道，一个霸道；一个仁政，一个霸权。两人的政治理想几乎是不能互相认同。虽然他不认同孟子的王道思想，但是他又很欣赏孟子的才华和声望，所以他对于孟子的离去也的确是有不舍之情。

后来，齐宣王对他的大臣时子说："我想在临淄城中赏给孟子一栋房屋，用万钟之粟来养活他的门徒，让我国的官吏和人民都可以学习和效仿他们。你替我向孟子说说吧！"

时子就把齐王的想法告诉了孟子的弟子陈臻（zhēn），他托陈臻转告孟子。于是，陈臻把时子的话告诉了孟子。

孟子说："陈臻啊。这个时子糊涂了吗？我们怎么能做这样的事儿呢？如果我是贪图财富的人，我怎么会辞官呢？现在我辞去十万钟俸禄的官职却来接受这一万钟的赐予，这可能吗？"

陈臻说："实在是因为齐宣王态度诚恳，不好推托，我才传话给您的。"

孟子说："季孙曾经说过：'子叔疑真奇怪！他自己想做官，别人不用他也就罢了，他又让自己的儿子兄弟一堆人来做卿大夫，仿佛要把所有的官职都让自己家的人做一样。谁不想做官发财，但是他却想垄断了做官发财之道。'"

陈臻说："老师，您说这个是什么意思？这和齐宣王挽留我们有什么联系？"

孟子说："季孙想要的是财富，而不是为了造福黎民百姓和推行王道。就像古代的人做买卖，用自己有的东西换取自己没有的东西，是为了方便生活，而且有国家相关的部门管理它，保证交换秩序和质量等。这样的交换规则方便实用，大家觉得很好。可是却有一个卑鄙的人，到了人家交易的地方，一定要找一个独立的高地登上去，左边看看，右边望望，恨不得把所有买卖的好处和利润都包揽到自己怀里。别人都觉得这个人太卑鄙了，所以就征收他的税。向商人抽税就是从这个卑鄙的人开始的。"

陈臻终于明白了：自己的老师虽然在齐国的朝廷居于客卿之位，但是却不能推行自己的王道思想。老师不愿意接收"非其义也，非其道也"的财富，所以才会辞官。如果贪图富贵，接收厚禄，那就像"贱丈夫"一样，只要有物质好处就行，只担个虚名又何妨。如果老师像"贱丈夫"这样活着，那就像釜底抽薪一样，没有仁义德行，彻底否定了他所推行的王道思想。这样的事儿，老师是绝不会做的。齐宣王啊，时子啊，他们这些人的确是太不了解老师了。

有贱丈夫焉，必求龙断而登之，以左右望而罔市利。人皆以为贱，故从而征之。征商，自此贱丈夫始矣。

——《孟子·公孙丑下》

◎ 注释

①丈夫：成年男子之通称。《春秋穀梁传》记载，文公十二年云："男子二十而冠，冠而列丈夫。"②龙断：龙，同垄。网罗市利之意。③罔：网罗，搜罗。

◎ 译文

有这样一个卑鄙的人，一定要找一个独立的高地登上去，左边看看，右边望望，恨不得把全市场的钱都由他一人赚了去。别人都觉得这个人卑鄙，因此向他征税。征收商业税也就是从这个卑鄙的人开始的。

## 知识拓展

1. "垄断"典故

垄断,古代也写作"陇断""龙断",意为高地。"自此冀之南,汉之阴,无陇断焉"(《列子·汤问》);"有贱丈夫焉,必求龙断而登之,以左右望而罔市利"(《孟子·公孙丑下》);"不求垄断登,有路直如弦"(叶适《林叔和见访道旧感叹因以为赠》)。

垄断后来被引申为把持和独占之意。"是以贪墨无耻之士大夫,知朝廷住买浮盐,垄断而笼其利"(《宋史·食货志》);"关征岂得已,垄断欲何为"(杨万里《送次公子之官安仁监税》);"我之为此,所以杜垄断之商也"(青城子《志异续编·司城堵公》);"大西洋人,后至而思龙断焉"(夏燮《中西纪事·通番之始》)。

2. 孟子对待垄断的态度

第一,从推行"仁政"层面讲,孟子对待"利"的态度源于对孔子基本思想的继承,即"邦有道,贫且贱焉,耻也。邦无道,富且贵焉,耻也"(《论语·泰伯》)。也就是说,作为一个君子,在一个明君治理的邦国,却不能施展才能,不能推行仁政,从而无法求得贵,这是可耻的。在一个无道昏君治理的邦国,却能升官发财,大富大贵,就是在行不义之举,甚至是助纣为虐,也是可耻的。

第二,孟子反对"无道"的垄断行为。如果不是出于孟子所提倡的推行"仁政"和"王道"的需要,他都持反对的态度。

由此可见,孟子肯定或者否定垄断的行为有一个前提,那就是"有道"还是"无道"。

## 21. 舍我其谁

孟子约60岁时,从齐国辞去客卿之职,回到母国邹国,结束了游历生涯。虽然孟子在外游历近20年,孜孜不倦地推行王道和仁政,但是他始终没能实现自己的政治理想。

齐国是战国时期比较强大的诸侯国,是著名的战国七雄之一。当时的齐王是齐宣王,也是一个希望有一番作为的君王。孟子游历宋、薛、鲁、滕、魏之后,在各诸侯国的名声已很大,有"后车数十乘,从者数百人"。

齐宣王当权时,大概54岁的孟子满怀抱负,第二次来到齐国的稷下学宫。对孟子来说,当时在齐国推行他的仁政和王道思想是最有希望的。可是,虽然齐宣王礼贤下士,褒儒尊学,但是他并没有完全采纳儒家思想,也不打算实行孟子的"仁政"主张。

孟子辅佐齐宣王六七年后,看到推行王道希望渺茫,只好失望而归。

孟子离开齐国时,在昼邑这个地方住了三天三夜才离开,好像不愿意离开的样子。

有个叫尹士的人就对别人说:"孟子这个人,真让人瞧不起,说走又不走,赖在我们齐国的昼地住了三天,还盼着齐王挽留他呢。明明心里非常想长期留在齐国,还假惺惺地辞官归去,我最不喜欢这种人了。"

有人辩驳说:"毕竟孟子是有识之士,你怎么可以这么说他呢。"

尹士说:"孟子才不是有识之士呢。他一个邹国人,满腹才学,希望找到一个英明的君主来辅佐。但是他没能识别出齐宣王是一个不可能成为商汤王和周武王那样英明之君的君王,所以说他是一个不明世事的人;如果他能识别齐宣王不是一代明君,但是却又跑来辅佐他,那就是贪图富贵,想要得到齐国国君的恩惠才跑来的。行走了千里路来见齐宣王,结果得不到赏识,只好灰溜溜地走了,走之前还这样死赖着不肯离去。这算什么有识之士。"

孟子的学生告子把尹士的话告诉了孟子。

孟子望望远方的山脉,看看湛蓝的天空,说:"那个尹士怎么能知道我呢?我辛辛苦苦,不远千里来见齐宣王,是满怀期望主动跑来的。但是,来到齐国之后不能实现我治国的梦想,没有办法才离开的,这怎么能是我想看到的结果呢?我是无可奈何呀。"

告子说:"那您为什么在昼地住了三天才离开呢?"

孟子说:"因为在我心里齐宣王是个有理想的君王,他也为国家富强努力工作着。我住三天,就是希望齐王能改变主意,接受我的王道思想,我们能一起推行仁政。齐王如果改变,就会来找我。"

告子说:"明白了,老师您还是为天下黎民着想呀。"

孟子说:"是啊。我就是希望齐王能改变,我才每天盼望着。我难道像是一个目光短浅的小人吗?难道是一个向国君进言后不被接受就发怒,满脸不高兴,离开时就要拼命走到精疲力竭才停下来歇歇的人吗?可惜啊,齐宣王没有来追赶我,我这才不得已离开齐国。我多么希望和齐王一起大干一场,不只让齐国的人民能安居乐业,还要让全天下的人民都可以安居乐业。谁能明白我这一番壮志和苦心啊!"

尹士听了孟子这番话后,说:"我才是一个小人呀!"

其实孟子离开齐国,不仅是因为尹士等人不理解他,而且他的学生也不太理解他。

孟子的学生充虞和他一起返回邹国的路上就问道:"老师,您看上去好像不快乐的样子。为什么呢?以前我曾听您讲过:'君子不抱怨上天,不责怪别人。'"

孟子说:"我为什么要不快乐呀?从历史上来看,每五百年就会有一位圣贤君主兴起,其中一定还有名望很高的辅佐者。从周武王以来,到现在已经七百多年了。从年数来看,已经超过了五百年;从时势来考察,也正应该是时候了。但是我还是不能推行王道和仁政,大概是老天不想让天下太平了吧。如果老天想让天下太平,在当今这个世界上,除了我还有谁能做那个有名望的辅佐者呢?我相信自己的理论,也不怨天,也不责怪别人,我没什么不快乐的!"

充虞说:"老师,我太浅薄了。老师自信乐观,正是孔子所说的'知者不惑,仁者不忧,勇者不惧'的君子呀!"

夫天未欲平治天下也,如欲平治天下,当今之世,舍我其谁也?

——《孟子·公孙丑下》

◎ 译文

大概老天不想使天下太平了吧,如果想使天下太平,在当今这个世界上,除了我还有谁呢?

**知识拓展**

1. 孟子"舍我其谁"精神的内涵

孟子"舍我其谁"的精神贯穿于孟子思想的各个方面:

从人格方面说,就是培养"浩然之气",即"富贵不能淫,贫贱不能移,威武不能屈,此之谓大丈夫";从奋斗精神而言,就是

"虽千万人,吾往矣"的勇气,即"吾尝闻大勇于夫子矣:自反而不缩,虽褐宽博,吾不惴焉;自反而缩,虽千万人,吾往矣";从生死方面说,就是以身殉道、"舍生取义",即"生,亦我所欲也;义,亦我所欲也。二者不可得兼,舍生而取义者也"。

2. 孟子"舍我其谁"精神的渊源和影响

孟子"舍我其谁"精神的出发点,就是他一直苦苦追求的"王道"精神和"仁政"理想。这种精神与孔子的思想一脉相承,"士不可以不弘毅,任重而道远。仁以为己任,不亦重乎?死而后已,不亦远乎"(《论语·泰伯》)。从这里我们可以看出孔子也是坚守自己"仁"的思想,并且至死不渝。这也就是孟子"舍我其谁"精神的来源。

这种精神对后世文人影响深远,主要体现为"以天下为己任"的担当精神和历史使命感。"捐躯赴国难,视死忽如归"(曹植《白马篇》);"愿得此身长报国,何须生入玉门关"(戴叔伦《塞上曲二首》);"一身报国有万死,双鬓向人无再青"(陆游《夜泊水村》);"顾亭林曰:天下兴亡,匹夫之贱,与有责焉耳矣!"(梁启超《饮冰室合集·辨法通论·论幼学》)

## 22. 上有所好，下必甚焉

滕国是周王朝诸侯国中一个比较小的分封国。前326年，滕文公以太子身份出使楚国，得知孟子在宋国，回国时途经宋国，曾两次向孟子请教治国的道理。滕文公做国君后，接受孟子的主张，在国内推行仁政，实行礼制，兴办学校，改革赋税制度等。不久，小小的滕国变得人丁兴旺，善国之名远扬。滕文公也因此被称为"贤君"。

滕文公在做太子时拜会孟子，主要是为了寻求治理国家的好办法。当时孟子引经据典，讲的都是尧舜的先王之道，以及圣贤君王成就霸业的历史，并且还讲了人的本性是善良的道理等。对于励精图治的太子来说，这仿佛是久旱逢甘霖一样。孟子在和滕国太子的这次交谈中所显现的见识，得到太子的赏识，他所讲的王道正符合太子成就霸业的理想。因为谈得比较投机，太子从楚国回来，又来看孟子，再次详细探讨了关于王道和仁政的问题。

这两次会面交谈后，滕国的太子非常尊重孟子，欣赏他的想法和学识，有心想让孟子辅佐自己。

滕定公死后，当时还是太子的滕文公让他的老师然友到邹国去向孟子请教如何办理丧事，并接受了孟子的建议，依照诸侯的礼节，实行三年的丧期，穿着粗布做的孝服，喝稀粥。

可是，滕国的王族亲朋和官吏都不愿意。他们说："我们的宗国鲁国的历代君主都没有这样办理过丧事，我们自己的历代祖先也没有实行过这样的丧葬礼节，到了您这一代要改变祖先的做法，这是不应该的。"

太子不知道怎么办了，对他的老师然友说："我过去没有好好读书，没有什么学问，只喜欢跑马舞剑。现在亲朋好友和官员们都对我实行三年丧礼不满，恐怕我处理不好这件大事。我不知道怎样才能说服他们，也不知道到底该怎么做。请您再去帮我问问孟子吧。"

然友再次到邹国请教孟子。

孟子说："你回去告诉太子，一定要坚持这样做，不可以改变。我告诉过太子，现在的滕国，假如把疆土截长补短也有将近方圆五十里吧，还可以治理成一个好国家。处理先王的丧事是太子第一次处理国家事务，一定要按照我说的尊礼崇德的办法来做才行。如果这次太子妥协了，那么以后他执政就会处处受到这些王公大臣的阻挠，再想要推行王道可就难了。"

然友说："太子就是尊重先生您，才一次次地派我来请教您。他擅长骑马射箭，读书、做学问、讲道理稍微差点儿。现在大家都反对他，他不知道怎么说服大家，也不知道到底该怎么办。"

孟子说："这件事完全取决于太子。太子应该有太子的威严和震慑力。在滕国，现在是他说了算，大家要看着他的行为来做事的。孔子说过：'君王死了，太子把一切政务都交给首相，自己每天喝稀粥，脸色深黑，到了孝子的位置上便哭泣，大小官吏没有谁敢不悲哀，这是太子亲自带头的缘故。'

"治理国家有一个非常重要的常识，那就是：在上位的人有什么喜好，下面的人就一定会跟风，也会追捧这种喜好，甚至比在上位的人更热衷于这种喜好。《论语·颜渊》里说：'君子的德好像风，老百姓的德好像草，风向哪边吹，草就跟着向哪边倒。'所以说，这件事完全取决于太子。"

然友回去把孟子的话仔仔细细地告诉了太子。

太子高兴地说:"我果然没看错孟子,他的确是个有见识的人。他说得太对了,这件事儿应当取决于我。"

于是太子在丧庐中住了五个月,没有颁布过任何命令和禁令。大小官吏和同族的人都很赞成,认为太子知礼。等到滕定公下葬的那一天,四面八方的人前来观看,他们看到太子悲伤的面容和哭泣的表情,都觉得太子是个孝子,都非常满意。

上有好者,下必有甚焉者矣。君子之德,风也;小人之德,草也。草尚之风,必偃。

——《孟子·滕文公上》

◎ 注释

①好:喜爱。②尚:同"上",加,增加。③偃:倒下。

◎ 译文

在上位的人爱好什么,下面的人必定对此更加爱好。君子的道德,好比是风;老百姓的道德,好比是草。风吹到草上,草必定倒伏。

## 知识拓展

滕文公问曰:"滕,小国也,间(jiàn)于齐、楚。事齐乎?事楚乎?"

孟子对曰:"是谋非吾所能及也。无已,则有一焉:凿斯池也,

筑斯城也,与民守之,效死而民弗去,则是可为也。"(《孟子·梁惠王下》)

(滕文公问道:"滕国是个小国,(夹)在齐国和楚国的中间,是投靠齐国呢,还是投靠楚国呢?"孟子回答说:"这样重大的决策不是我能做出的。一定要(我)说,就(只)有一个(办法):深挖护城河,筑牢城墙,与百姓共同守卫城池,这样百姓宁可献出生命也不逃离,也许可以行得通。")

## 23. 为富不仁，为仁不富

滕国的滕文公继承王位之前就和孟子深谈过治国的策略，他非常赞赏孟子治理国家的方案，继位后就请孟子来辅佐自己。

滕国是孟子较早游历的一个诸侯国。这时候，大概48岁的孟子经过多年思索，坚信"民为贵，社稷次之，君为轻"的理念，认为只有以百姓为中心，爱护子民，这个国家才有可能富强。

怀揣这样的政治理想和抱负，孟子来到了滕国，准备推行自己的王道思想。

这一天，继位不久的滕文公问孟子治理国家应该从哪里着手。

孟子说："关心百姓是治理国家最为急迫的任务。为百姓置定恒产，百姓才能安居乐业，也就不会胡作非为、违法乱纪了。如果百姓居无定所，挨饿受冻，为了生存，他们什么事都干得出来。等到他们犯了罪，再去处罚他们，这就等于是陷害百姓。"

滕文公说："是啊。哪有仁爱的人做了君王，天天忙碌着就是为了做坑害老百姓的事情的呢？"

孟子说："所以贤明的君主一定会认真处理国事、节省用度、有礼节地对待臣下，尤其是征收赋税要有一定的制度，不能巧取豪夺，不能横征暴敛，更不能让百姓朝不保夕、生活困顿。阳虎曾经说过：'要发财致富便不能仁爱，要仁爱便不能富贵。'"

滕文公说:"这话是什么意思?富贵和仁爱不能兼得吗?"

孟子说:"当然可以兼得,但是如果为了谋求富贵而舍弃仁爱,不择手段,不顾百姓死活地榨取天下的财物,最终只能是官逼民反,导致亡国的下场,这不是一个明君会去做的事情。贤明的君王总是急百姓之所急,为民着想,以仁爱之心管理国家,不会为了自己的荣华富贵而舍弃自己的子民。只有得到百姓的拥戴,您的国家才能长治久安。"

滕文公问:"既然是这样,那么治理国家时,怎么做才好呢?先生有什么具体的建议吗?"

孟子说:"古代的税收制度大致是这样的:夏朝每家五十亩地而行'贡'法,商朝每家七十亩地而行'助'法,周朝每家一百亩地而行'彻'法。"

滕文公问:"你说的这都是老办法了,并且您不是说过'苛政猛于虎'吗?"

孟子说:"说的就是国家政策的事儿。这三种税收办法虽然名称和内容不同,但是都是按照十分抽一的原则征收赋税。丰收年成,谷物充足,多征收一点儿也不算苛暴,这时候他们并不多收。灾荒年成,每家收获的粮食还不够第二年种田费用,老百姓的生活都很困难,这时候应该降低税收,可是他们还是按照十分抽一的原则征税。所以灾荒年岁时,老百姓没办法,只好借高利贷来凑足赋税。"

滕文公说:"滕国税法也是如此呀。"

孟子说:"所以啊,一国的君主号称是百姓的父母,这个父母却让自己的子民整年地辛苦劳动,结果一年下来,老百姓连养活爹娘的粮食都不够,还得借高利贷来凑足赋税。全国百姓都怨声载道,有的老百姓都活不下去了,一家老小抛尸露骨在山沟里。

"作为君王,管理天下百姓,难道就是为了让他们饿死在路边吗?再看看那些做大官的人,他们都有一定的田租收入,子孙相传,就算是荒年,也能饱食终日。可是,他们却不能保障百姓也有一定的田地收入，不能让百姓安居乐业。这就是大王您要考虑的事儿了，您要制定政策保护百姓，才能兴旺天下呀！

"老百姓的生活有着落了，他们才有时间和精力来学习礼仪，国家才能开办学校来教育他们。百姓熟悉了人与人之间的各种关系以及各种行为准则，自然会亲密地团结在一起。君民一心，百姓生活富足，团结互爱，这不就是大家所向往的大同天下的样子吗？《诗经·文王》中说：'岐周虽然是一个古老的国家，国家却充满着新气象。'这是赞美周文王的诗句。大王您努力推行仁君之政吧。您也可以做像周文王那样的贤君，能使您的国家气象一新！"

滕文公一听做贤君，一下子说到自己心里去了，他就是希望做一个流芳千古的君王。他激动地说："先生，你说得太好了。可惜我们滕国是个小国，不知道能不能实现你所描述的美好景象。"

孟子说："滕国的土地虽然狭小，却也一样要有官吏和劳动者。没有官史，便没有人管理劳动者；没有劳动者，也就没有人养活官吏。实行仁政，一定要从划分整理田界开始。如果实行井田制后，同一个井田的百姓，平日进出，互相友爱；防御盗贼，互相帮助；如有疾病，互相照顾，那么百姓之间便亲爱和睦了。官吏和百姓的公田、私田各自分明，各有所得，各有所养，安乐和平。

"如果坚持这样治理国家，大王您一定会成为一个心系百姓的圣王。如果有圣王兴起，大家一定会来学习和仿效他治理国家的方案，那他就是圣王的老师了。"

这次交谈后不久，滕国公特意让他的大臣毕战去向孟子请教关于井田制的具体管理办法。

为富不仁矣，为仁不富矣。

——《孟子·滕文公上》

◎ 译文

要发财致富就不能仁爱，能仁爱的人就不会富贵。

### 知识拓展

求也为季氏宰，无能改于其德，而赋粟倍他日。孔子曰："求非我徒也，小子鸣鼓而攻之可也。"由此观之，君不行仁政而富之，皆弃于孔子者也。(《孟子·离娄上》)

(冉求当了季氏的家臣，不能改变季氏的德行，征收田赋反而比过去增加一倍。孔子说："冉求不是我的学生，弟子们，你们可以擂起鼓来声讨他！"由此看来，帮不施行仁政的君王去帮他聚敛财富的人，都是孔子所鄙弃的。)

## 24. 劳心者治人，劳力者治于人

《孟子》书中记载，滕文公听从孟子的建议，施行仁政后，吸引了各诸侯国的有识之士。他们纷纷投奔到滕国，其中农家的代表人物许行也率领他的门徒数十人来到滕国。他们都穿粗麻布衣，靠编草鞋织席子为生。

楚国儒生陈良的门徒陈相、陈辛兄弟俩也从宋国来到滕国，他们见到许行好像遇到了知音一样，非常高兴，并放弃儒家思想，追随许行学习农家学说。

因为陈氏兄弟本来是儒家门徒，对儒、农两家学说都比较熟悉。当时他们和孟子都在滕国，都希望借助自己的思想学说来辅佐滕文公，所以他们和孟子之间展开了一场著名的儒农之辩。

这一天，陈相拜见孟子，并转告许行的话，说道："滕国的君王确实是个贤明的君主，虽然如此，但是还不懂得真正的治国道理。"

孟子看了看陈相,心想:我且听你怎么说,看看农家学说到底有什么高深之处,一个好好的儒家门徒怎么就被农家学说吸引过去了呢?于是,孟子问道:"那你说说,许行觉得什么是真正的治国之道?"

陈相说:"如果是真正的贤人,就要和百姓一起耕种,才可以吃饭。现在滕国有储谷米的仓库和存财物的府库。滕国国君不耕种,却有足够的谷米;不进行制作,却有一堆堆玉器珠宝。这是损害别人来奉养自己,又怎能叫作贤明呢?"

孟子一听,乐了,心想:这个陈相,连基本的生活道理都不明白了。

孟子问道:"我问你,那个许行一定自己种庄稼才吃饭吗?"

陈相答道:"对。"

"许行一定自己织布才穿衣吗?"

"不!许子只穿粗麻织成的衣服。"

"许行戴帽子吗?"

"戴。"

"戴什么帽子?"

"戴白绸帽子。"

"他自己织的白绸吗?"

"不,用谷米换来的。"

孟子停住不说话了。过了一会儿,陈相还在那里盯着孟子,等着听下文呢。

孟子一看,他还没明白呢。就问他:"那许行为什么不自己织白绸呢?他不是说必须自己种粮食才能吃饭吗?自己纺织才能用绸布吗?"

陈相说:"因为织白绸会耽误干农活。"

孟子又问他:"那么,我再问你,许行也用锅做饭,用铁器耕田吗?"

陈相答道："对。"

"是他自己造的锅和铁器吗？"

陈相答道："不，是用谷米换来的。"

孟子说："你还不明白吗？农夫用谷米换取锅和农具，不能说是损害了瓦匠铁匠来奉养自己。那么，同样的道理，瓦匠铁匠用锅和农具来换取谷米，难道说是损害了农夫奉养自己吗？而且许行为什么不亲自烧窑冶铁，做成各种器械，什么东西都储备在家中随时取用呢？许行为什么要这样那样一件件地和各种工匠交换呢？"

陈相争辩道："一个人不可能会制造所有的用具。再说了，各种工匠的活儿可不是一边耕种还能一边干得了的，也没有那么多时间。所以许子要用粮食来交换这些生活用品。"

孟子说："那么，管理国家就是一边耕种一边又能干得了的吗？所以，天下的事物必须各有分工呀！"

陈相不说话了。

孟子继续说道："天下的工作是必须有分工的，社会分工不同，工作的内容和特点也不一样，所以才有了君王的工作、官吏的工作、百姓的工作。只要是人，各种工匠的产品对他都是不可缺少的，如果一件件东西都要自己制造出来才能用它，这不就是率领天下的人疲于奔命吗？"

陈相默不作声，好像在思考着什么。

孟子说："所以我说，有的人靠脑力劳动，有的人靠体力劳动；靠脑力劳动的人管理人，靠体力劳动的人被人管理；被管理者用粮食等养活别人，管理者靠生产粮食的人来养活，维持他的基本生活，这是放到天下任何地方都通用的道理。"

> 劳心者治人，劳力者治于人；治于人者食人，治人者食于人，天下之通义也。
>
> ——《孟子·滕文公上》

◎ 译文

　　脑力劳动者管理人，体力劳动者被人管理；被人管理的人养活别人，管理别人的人靠人养活，这是通行天下的道理。

## 知识拓展

　　农家，又称"农家流"，是先秦时期注重农业生产，主张农本商末的学术流派，他们奉神农为祖师，主张种百谷，劝耕桑，以足衣食。战国时，农家代表人物有许行。《汉书·艺文志》将农家列为"九流"之一。农家代表作有《神农》20篇，《野老》17篇，《宰氏》17篇，《董安国》17篇，《尹都尉》17篇，《赵氏》17篇等，均丢失。农家没有一部完整的著作保存下来，他们的思想和活动散见在诸子的著述中。

## 25. 物之不齐，物之情也

战国时期，各个诸侯国都想增强国力，于是出现了不同学派的谋士，提出了不同的治国方法和思想主张，这就是我们常说的诸子百家的言论。孟子是儒家学派的代表，推行的是王道和仁政。其他还有农家、墨家、法家、阴阳家等思想流派。各个学派之间相互论争，促进了思想文化的发展。

战国时期的农家主张"农本商末"，如果不得已而进行商品交换时，就按照物品的数量，即长短、多寡、大小等来进行交换，不赞成商人从中谋利，反对抬高物价的欺诈行为等。

诸子百家互相论辩是当时的一种学术风气。同在滕国辅佐滕文公的几个诸子流派都希望滕文公接受自己的理论主张，同时他们之间也经常展开辩论。

农家的陈相拜见儒家的孟子时，曾就商品交换问题进行了一番论争。

有一天，陈相来拜见孟子，他对孟子说："农家的许行提倡'市

贾不二'的价格论。不知先生对这个说法有什么看法？"

孟子问："你先说说许行的主张是什么意思吧。"

陈相答道："他主张在社会分工互助的基础上，让从事农业劳动的人可以用农产品直接去交换手工业品，比如帽子、锅甑（zèng）和铁制农具等。这是一种以物易物的交换办法。"

孟子问："那许行的意思就是不需要商人来经营商品买卖了，这个行业是多余的，是吗？"

陈相说："是啊。许行认为：商人不会创造财富，只不过是拿别人的产品满足自己的生活需要和商业活动，而且他们买贱卖贵，从中获利。并且，商人自己还要吃饭和穿衣，大量消耗农民生产的粮食和布帛。所以农民劳动多而收获少，商人付出少却收获多，这种反差和对比会造成农业生产劳动力的流失，更多的人去经商，却不来耕种了，这就破坏了国家的财富基础和来源。所以如果因为生活的需要，不得已进行商品交换时，应该听从农家许行先生的学说，做到市场上的物价一致，人人没有欺诈，就算是打发小孩子去市场，也没有人会欺骗他。"

孟子说："就按照许行所说的物物交换的办法，那么交换时的价格是如何规定的呢？"

陈相说："许行认为，市场上布帛的长度相同，则出售的价格相等；麻缕与丝絮的重量相同，则出售的价格相等；粮食重量相同，则出售的价格相等；鞋的尺码大小一样，则出售的价钱也一样。这样就可以做到'市价不二，国中无伪'，数量一样就进行交换，国家商品交易也就没有虚假的情况了，即使小孩子到市场上去买东西，也不会受欺骗。"

孟子说："这不是胡闹吗？丝帛、棉、麻、黍（shǔ）、粟（sù）、粱、谷等，这些物品之间不仅有数量的差别，也有质量的差别呀。各种东西的品种、质量不一样，这是自然存在的现象。因为质量不一样，它们的价格有的相差一倍、五倍，有的相差十倍、百倍，有的甚至相差千倍、万倍。如果不管商品质量好坏和精粗优劣，把不同质量的商品全都等同一致，只能是扰乱天下的商品交换规则。"

陈相辩解说："怎么就扰乱天下了呢？这样能更好地保障百姓耕种的时间和国家粮食的来源，是更有利于天下了才对。"

孟子问他："一双做工精致、质量很好的锦缎鞋和一双做工粗糙、质量很差的麻绳鞋，数量是一样的，你让大家按照同样的价钱去卖，大家能愿意吗？如果听从许子的学说，国家硬要大家都按照同样数量进行商品交换，那么大家也只好弄虚作假了。这不是引领大家走向虚伪吗？用这样的方法教导百姓，或是用这样的方法管理国家，怎么能够治理好国家和百姓呢？"

夫物之不齐，物之情也；或相倍蓰，或相什伯，或相千万。子比而同之，是乱天下也。

——《孟子·滕文公上》

◎ 注释

①蓰：五倍。②什伯：数量词，指超过十倍、百倍。③比：同，齐同。

◎ 译文

不同东西的质量和价格不一样，这是很自然的，有的相差一倍、五倍，有的相差十倍、百倍，有的甚至相差千倍、万倍。您想让它们完全一样，那只是扰乱天下罢了。

## 知识拓展

"正名"学说源自孔子,在《论语·颜渊》中,孔子对齐景公说过"君君,臣臣,父父,子子",也就是说,君、臣、父、子都要摆正自己的位置,身居不同的位置,职责也不同,必须遵循各自不同的社会行为规范。君主要有君主的样子,臣子要有臣子的样子,父亲要有父亲的样子,儿子要有儿子的样子,必须遵循相应的行为规范,做到"在其位,谋其政"。

社会上不同行业、不同地位的人,都是不可或缺的,都有其不同的职责和任务。所以农工士兵商等都应摆正自己的行业位置,各司其职,各尽其责。

## 26. 何谓大丈夫

战国时期,各诸侯国互相征战,互相吞并,都想一统天下,成就霸业。这个时候应运而生了一批善于外交论辩的纵横家,他们使用的谋术被称为纵横之术。

纵横术即合纵与连横,合纵是几个诸侯国联合起来共同对付一个强国,以苏秦和东方六国为代表;连横是一个强国与敌对集团的一个或几个结成一个或多个联盟,达到瓦解对方并各个击破的目的,以张仪和秦国为代表。历史上有名的纵横家有苏秦、张仪、公孙衍(yǎn)等。

战国时期的纵横家和儒家的基本理念差别很大,比如,纵横家认为,能够威震诸侯、操控时局的人就是有能力的人。而孟子等儒家学派认为,尊崇道德、坚守仁义的人,无论贫穷还是富贵,都能安然自得,只有做到"富贵不能淫,贫贱不能移,威武不能屈"的人才是真正的君子。

有一个叫景春的人也是纵横术的追捧者。

这一天,景春与孟子在一起辩论什么样的人是真正的大丈夫。

他说:"公孙衍、张仪真是我们学习的榜样,他们才是真正的大丈夫。"

孟子问:"你说的是主张各诸侯国联合起来抵抗强秦的公孙衍和游说六国共同亲近秦国的张仪吗?"

景春用充满敬仰的语气答道:"是啊。他们凭借自己的智慧和论辩能力,出访各诸侯国,甚至能掌控天下大势。比如,他们几番游说后,可以让几个诸侯国联合起来,实力大增,难以抵挡。他们一发脾气,就能煽动诸侯相互攻伐,所以诸侯们都害怕他们;如果他们安静下来，不进行外交活动，天下便会太平无战事。他们对各个诸侯国和天下的影响是多么大呀！难道他们不是真正的大丈夫吗？"

孟子说："这个就叫大丈夫吗？你没有学过礼吗？'以顺为正者，妾妇之道也。'他们的行为是像顺从的妾妇一样，怎么能是真正的大丈夫气概呢？"

景春问："你说这话是什么意思？"

孟子说："女子出嫁的时候，母亲送她到门口，告诫她说：'到了夫家，一定要恭敬，做事不要违背丈夫的意思。'以顺从为最大的原则，这是妾妇之道。"

景春说："那你说什么样的人才是大丈夫呢？"

孟子说："男子举行加冠礼的时候，父亲也会训导他：作为男子，应当住在天下最宽广的住宅——"仁"里，站在天下最正确的位置——"礼"上，走在天下最光明的大路——"义"上；如果能够实现自己的理想，就要带领着百姓在仁德的大道上一起前进；如果生不逢时，没有机会展现自己的理想抱负，也要坚守自己的仁义之道。

"要经得住物质的诱惑、贫困的考验和武力的威胁。富贵不能迷乱他的心思，贫贱不能改变他的志向，威武不能挫伤他的气节。这样才叫作大丈夫。"

景春说："既然你这么说，为什么当今社会能够实现自己的抱负，影响天下大势的不是你们这些儒生，而是苏秦、张仪、公孙衍这些人呢？"

孟子忧心忡忡地说道："这个世道，圣德之业得不到推广，巧舌如簧之徒受到重用。他们扬扬自得，横行于各诸侯国之间，享受着荣华富贵，气焰嚣（xiāo）张，令人畏惧。大家却把他们当成真正的大丈夫。可是，在它心仁厚的君子看来，这就像是好人一样，只知道一味顺从夫君，不能用义理来纠正自己夫君的失德行为。这种妾妇之道是不足挂齿的。"

> fù guì bù néng yín，pín jiàn bù néng yí，wēi wǔ bù néng qū。cǐ zhī wèi dà zhàng fū
>
> 富贵不能淫，贫贱不能移，威武不能屈。此之谓大丈夫。
>
> ——《孟子·滕文公下》

◎ 注释

①淫：迷乱。

◎ 译文

富贵不能迷乱（他的思想），贫贱不能动摇、改变（他的意志），面对威武之势而不屈服，这才叫大丈夫！

### 知识拓展

尊德乐义，则可以嚣嚣矣。故士穷不失义，达不离道。穷不失义，故士得己焉；达不离道，故民不失望焉。古之人，得志，泽加于民；不得志，修身见于世。穷则独善其身，达则兼济天下。(《孟子·尽心上》)

(尊崇道德，喜爱仁义，就可以安详自得。所以士人穷困时不失去仁义，显达时不背离道德。穷困时不失去仁义，所以安详自得；显达时不背离道德，所以老百姓不失望。古代的人，在位掌权时，则将恩惠、恩泽给老百姓，造福天下苍生；没有机会获得成功的时候，就修养个人品德，洁身自好，提升个人修行。穷困时，独自保持自己品格的善性；得志时，帮助天下的人保持善性。)

## 27. 一傅众咻

孟子的学生万章跟老师说:"宋国虽然是个小国,但是宋国国君却有心要推行仁政。"听到这个消息后,孟子来到了宋国。

可是,孟子在宋国待了一段时间后,发现宋国的贤人很少,很难推行仁政。有时候宋国国君想要推行一个有利于百姓的政策,旁边的大臣七嘴八舌,唯恐影响到他们自己的利益,百般阻挠。所以,宋国国君很难推行王道政策。

宋国大臣戴不胜比较支持国君施行仁政,他看到宋国的这种状况很着急,就去请教孟子帮助宋国国君施行王道的办法。

孟子对戴不胜说:"你想要你们的君王向善吗?我先问你一个事儿吧。有一位楚国的大夫,希望他的儿子学说齐国话,你说是让齐国人来教他呢,还是让楚国人来教他?"

戴不胜说:"应该是让齐国人来教他更好些。"

孟子说:"一个齐国人教他学说齐国话,可是有许多楚国人在一旁天天跟他讲楚国话,你说,是这个齐国人对他的影响大,还是那些楚国人对他的影响大?在这样的环境下,就算是天天用鞭子打着他强逼他说齐国话,他也很难说好齐国话呀。"

戴不胜问:"是,先生说得有道理。那您说怎样才能学好呀?"

孟子说:"要是把

他送到齐国的闹市里，在那里住上几年，就算是为了基本的生活需要，比如买日用品呀、问路呀等等，他都必须用齐国话。时间长了，他自然就会说流利的齐国话了。这个时候，就算是天天鞭挞他，强逼着他说楚国话，也是做不到的。同样的道理，要想让宋国国君做一个贤明的君王，围绕在国君身边的贤人要多起来才行啊。"

戴不胜说："这是一个好办法。我们宋国的薛居州是个贤明的人，他就常常陪伴在宋王身边。"

孟子说："一个薛居州怎能改变宋王呢？我刚才不是给你讲了嘛，一个人的影响力很难抗过一批人的影响力。你们现在应该想办法让一批像薛居州这样的人围绕在国君的身边。"

戴不胜说："当今之世，群雄逐鹿，这几年是宋国难得的有实力称霸的时候，是应该好好想想如何招贤纳将了。多谢先生指点！"

孟子说："如果在你们国君身边的人无论年纪大小、地位高低都是像薛居州这样的贤人，宋王和谁一起去做坏事呢？反过来说，如果在国君身边的人无论年纪大小、地位高低都不是像薛居州这样的贤人，宋王又能和谁去做好事呢？所以，一个薛居州，怎能改变宋王呢？要有一批像薛居州这样的贤人才行。"

一齐人傅之，众楚人咻之，虽日挞而求其齐也，不可得矣。

——《孟子·滕文公下》

◎ 注释

①傅：教导。②咻：吵，乱说话。③挞：用鞭棍等打人。

◎ 译文

一个齐国人教他（说齐国话），却有许多楚国人在打扰，纵使每天鞭打他，逼他说齐国话，那也是做不到的。

## 知识拓展

昔孟子少时，父早丧，母仉氏守节。居住之所近于墓，孟子学为丧葬，躄踊（bì yǒng）痛哭之事。母曰："此非所以处子也。"乃去，遂迁居市旁，孟子又嬉为贾（gǔ）人炫卖之事，母曰："此又非所以处子也。"舍市，近于屠，学为买卖屠杀之事。母又曰："是亦非所以处子矣。"继而迁于学宫之旁。每月朔（shuò，夏历每月初一日）望，官员入文庙，行礼跪拜，揖让进退，孟子见了，一一习记。孟母曰："此真可以处子也。"遂居于此。（西汉·刘向《烈女传卷一·邹孟轲母》）

孟子的母亲为了让孟子成长成一个知礼仪的君子，虽然生活困苦，但是还是几次搬家，从墓地旁搬到市场旁，又从市场旁搬到学校旁，直到看到孟子效仿官学的学生学习礼仪，知进退，懂廉耻后才满意。

"孟母三迁"的故事就是说明好环境对一个孩子的教育与成长的重要意义的典型事例。

## 28. 廉士陈仲子

孟子50多岁时游历到齐国,他学识渊博,特别受大家的尊敬,齐国的文臣武将常常找他讨论各种问题。

齐国的陈仲子是一个有思想的君子。他生于富贵之家,洁身自好,奉行独善其身的生活原则,年轻时代就与兄长决裂。他先后在沂山、长山隐居,自己打草鞋、种粮食,自食其力,保持自己独立的人格,在当时影响很大。孟子在谈到他时,都不得不称他是"齐国之巨擘(bò)"。

但是,孟子和仲子,一个积极入世,一个隐居避世。因为各自的思想主张不同,孟子也曾对陈仲子的行为提出质疑。

这一天,齐国的将军匡章问孟子:"仲子难道不是真正的正直廉洁之人吗?他隐居在於(wū)陵的时候,曾经有一次三天不吃饭,然后耳朵听不见,眼睛也看不到了。正好当时井边有一棵李子树,金龟子的幼虫已把一颗李子蛀食了大半,仲子摸索着爬过去取来吃,吞咽了三口,耳朵才听得见,眼睛才看得见。"

孟子说:"在齐国人中,我必定是把仲子看成最优秀的人。然而,仲子怎么称得上廉洁呢?

我觉得他的所作所为有些过分了。"

匡章说:"先生何出此言?"

孟子说:"仲子是齐国的大家世族,应该为齐国的兴旺发达鞠躬尽瘁。听说他的哥哥陈戴,在盖邑有封地,年收入万钟。他认为他哥哥的俸禄不是他认同的最佳行为方式得来的,于是宁愿饿死,也不吃哥哥给他的粮食;仲子觉得他哥哥的房屋不是他认同的最佳行为方式得来的,于是宁愿露宿山野,也不居住在家里。后来他甚至不顾兄弟母子之情,避开哥哥,离开母亲,独自住到於陵。"

匡章说:"是的。不过,我还是觉得仲子是不可多见的廉洁之人。我听说有一天他回到家,正好碰上有人送来一只鹅,他皱着眉头说:'要这嘎嘎叫的东西干什么?'过了几天,仲子的母亲杀了这只鹅给他吃,他正吃着的时候,他的哥哥从外面回来,说:'吃得挺香呀。你吃的就是你看不上的那嘎嘎叫的东西的肉。'仲子一听,便跑到外面把肉呕吐出来。你看,仲子多么自律呀。"

孟子一听就笑了,说道:"如果要推广仲子的这种操守,那只有变成蚯蚓才能做到。"

匡章说:"先生您别开玩笑了。我们都认为仲子是齐国难得的廉士。"

孟子说:"我没开玩笑,我是认真的。因为只有蚯蚓才会依靠吃地上的干土、喝地底下的泉水为生。所以我说要是你们坚信仲子是个廉士,那大家都去做蚯蚓才能做到。

"进一步说来,仲子这么苛责廉洁,那么他居住的房屋,是像伯夷那样廉洁的人建造的呢,还是像盗跖那样的强盗建造的呢?他所吃的粮食,是像伯夷那样廉洁的人种植的呢,还是像盗跖那样的强盗种植的?这些都还不知道啊!如果不是廉洁的人生产的物品,他是用还是不用呢?如果吃了、用了,又怎么能保证他的廉洁呢?"

匡章说:"这有什么妨碍呢!他自己亲自编织草鞋,让妻子纺织麻线,然后用这些去交换生活用品。"

孟子说:"这就更说不过去了。母亲给的东西不吃,却吃妻子挣来的食物;兄长的房屋不住,却住於陵的房屋,这样能称得上是廉洁的典范吗?像仲子这样的人,恐怕只有把自己变成蚯蚓后才能符合他的廉洁作风吧。

"所以,从义理角度来说,如果不合理,就算是小小的一筐饭也不可以接受;如果合理,舜接受了尧的天下,也不过分。对于仁德的君子来说,无论处于什么样的状况,没有不是悠然自得的。坚守自己的操守,做到言行一致就可以了。"

陈仲子岂不诚廉士哉?居於陵,三日不食,耳无闻,目无见也。井上有李,螬食实者过半矣,匍匐往将食之,三咽,然后耳有闻,目有见。

——《孟子·滕文公下》

◎ 注释

①陈仲子:齐国人,思想家、隐士。因他居住在於陵,后人称他为於陵子。②螬:金龟子的幼虫。

◎ 译文

陈仲子难道不是真正的正直廉洁之人吗?他居住在於陵,三天不吃饭,耳朵听不见,眼睛看不到。井边有棵李子树,金龟子的幼虫已把一颗李子蛀食了大半,他摸索着爬过去取来吃,吞咽了三口后,耳朵才听得见,眼睛才看得见。

## 知识拓展

1. 陈仲子

陈仲子是齐国著名的思想家、隐士。他学识渊博,品德高尚,反对骄奢淫逸,提倡廉洁自律,提出整顿世风等主张。生活在乱世,深感个人无力来改变社会,他奉行"上不臣于王,下不治其家,中不索交诸侯"的处世原则。他的思想影响很大,齐王请他到稷下学宫讲学,他的学说自成一家之言,被称为"於陵学派"。

陈仲子曾先后拒绝齐国大夫、楚国国相等官职,先迁居於陵,后隐居长山(今山东邹平临池镇)中,终日为人灌园,以示"不入污(wū)君之朝,不食乱世之食",最终饿死,被齐国人尊称为廉士。陈仲子的事迹主要保存于《於陵子》一书中。

2. 季襄、陈仲子立节抗行,不入污君之朝,不食乱世之食,遂饿而死。(《淮南子·泛论训》)

3. 素富贵,行乎富贵;素贫贱,行乎贫贱;素夷狄,行乎夷狄;素患难,行乎患难。君子无入而不自得焉。(《中庸》)

## 29. 没有规矩，不成方圆

"不以规矩，不能成方圆"是人们在生活中常用的格言警句，这句格言出自《孟子·离娄上》。

孟子认为施行仁政最主要的两个方面就是"法先王"和选贤才。

孟子的"法先王"思想，实际上也就是孔子"祖述尧舜，宪章文武"思想的继承。孟子提倡"法先王"是因为他觉得做事情如果没有一定的规则和秩序，就会乱了方寸，难以成事。他认为，"不以规矩，不能成方圆"，"不以六律，不能正五音"，"不以仁政，不能平治天下"。

规矩也罢，秩序也好，都是由人来制定，也是要人们都遵守的。因为"惟仁者宜在高位"，所以选贤才来制定制度也格外重要。如果不仁者窃据了高位，那么就会奸邪当道，残害忠良，贤能之人得不到重用，导致是非颠倒，黑白混淆，苍生受苦，百姓受难，引发天下大乱。

孟子游历各诸侯国，他比较欣赏的一个国君就是齐宣王，可是孟子在齐国也没能成功推行仁政。孟子的一大遗憾就是没有成功地施行王道和仁政。返回邹国后，他继续教授弟子，讨论天下大事。

这一天，孟子和弟子们登上峄（yì）山，面对怪石嶙峋、风景奇异的美

景和大好河山。孟子忽然间又想起和齐宣王谈论国事的岁月，不觉又是一阵隐痛。

孟子问随行的弟子："你们说说，齐宣王因为不忍心看到一头牛活活被杀死，而让人换了一头羊来祭祀，不能不说他是一个有仁心的人。可是齐宣王执政时，齐国却没能兴旺发达，这是什么原因呢？"

万章率先发言，说道："齐宣王虽然自己有仁心，但是他不把这份心思用在治理国家、爱护百姓身上，因此他能成就自己仁心的美名，却不能治理好齐国。"

孟子微笑着看看万章，点点头。

公孙丑坐在一块大山石上，他想了想，说道："先生曾经说过'不以规矩，不能成方圆'。一个人即使有离娄那样超出常人的视力，公输子那样举世闻名的技巧，如果不用圆规和曲尺，也不能准确地画出圆形和方形；即使有师旷那样敏锐的审音力，如果不用六律，也不能校正五音。同样，一国国君即使有尧的学说和思想，如果不施行仁政，也不能治理好天下。是不是因为齐宣王空有仁心，却没有效仿前代圣王施行仁政，所以才没能治理好齐国。"

孟子听了，很高兴地说："你们能够学以致用，用我教给你们的思想分析天下大事，很好。

"我跟你们说说吧。只有仁心，却不施行仁政，是空有一颗善心；只有好的政策，却没有爱民之心，也是白白制定了好的政策。治理国家，纲纪文章，谨权量，审法度，样样都不能缺。就像《诗经·假乐》中说的那样，'不要有偏差，不要遗忘祖宗的好传统，一切都依循传统的规章来'。

"圣人既已用尽了目力，多次实践，用圆规、曲尺、水准器、绳墨等来制作方的、圆的、平的、直的东西，那么这些东西便用之不尽了；圣人既已用尽了耳力，又用六律来多次校正五音，各种音阶也就运用无穷了；圣人既已用尽了脑力，试验了各种办法，实行了仁政，仁德就遍布天下了。这就像修建高台一定要凭借山陵，挖深池一定要凭借沼泽一样；如果管理政治不凭借前代圣王之道，就太不聪明了。"

咸丘蒙是孟子弟子中比较喜欢尧舜孝道的学生，他听了讨论后，缓缓说道："先生和师兄弟们都有真知灼见，我喜爱尧舜先贤，却没有想到这一层意思。所以现在有些诸侯，虽然有仁爱的心和仁爱的名声，但老百姓却受不到他的恩泽，不能成为后世效法的楷模，这是他没有遵循前代圣王的仁政思想的缘故啊！"

充虞深得孟子信赖，常常伴随在孟子左右。这时候孟子看看充虞，鼓励他也说说自己的看法。

充虞说："我不知道自己说的好不好，请大家多多批评。好的规矩是很重要的，但是我觉得有一位贤德的人来制定政策，引领百姓更重要。因为如果不仁慈的人占据了统治地位，就会把他的恶行败德传播给老百姓。在上的人没有道德规范，在下的人没有法规制度；朝廷不信道义，工匠不信尺度，官吏触犯义理，百姓触犯刑律。如此下去，别说遵守规矩了，整个国家还能生存下来，没有遭受灭国之灾的，那也是侥幸了。"

孟子高兴地拍拍充虞，说："充虞说得太好了，认识更深刻。所以说，城墙不坚固，军备不充足，这些不是国家的灾难；田野没开垦，经济不富裕，不是国家的祸害。如果在上位的人没有礼义，在下位的人就得不到教育和指导，违法乱纪的人会越来越多，这才是国家的祸害。如果这样的话，国家离灭亡也就不远了。

"所以说没有规矩不成方圆，治理国家也是如此。仁君要'法先王'，一心向善，用仁政来要求自己，讲仁义，修道德，这样才能更好地治理国政。"

离娄之明,公输子之巧,不以规矩,不能成方圆。

——《孟子·离娄上》

◎ 注释

①离娄:人名,《庄子》作"离朱",相传为黄帝时人,眼力极强,能于百步之外望见秋毫之末。②公输子:春秋末年著名的木匠。

◎ 译文

就是有离娄的目力、公输般的技巧,如果不用圆规和曲尺,也不能正确地画出方形和圆形。

## 知识拓展

1. 规矩,方员之至也;圣人,人伦之至也。欲为君尽君道,欲为臣尽臣道,二者皆法尧舜而已矣。不以舜之所以事尧事君,不敬其君者也;不以尧之所以治民治民,贼其民者也。(《孟子·离娄上》)

2. 三代之得天下也以仁,其失天下也以不仁。国之所以废兴存亡者亦然。天子不仁,不保四海;诸侯不仁,不保社稷;卿大夫不仁,不保宗庙;士庶人不仁,不保四体。(《孟子·离娄上》)

## 30. 曾子、子思同道

孔子、孟子都认为：君子处理问题的原则，不是根据利害关系，而是依据义理仁德的大道。君子有时候选择远离祸害，及时逃命；有时候选择临危不惧，知难而上，舍生取义，这都是因为自己的身份地位、职责不同而做出的不同选择。所以，不同的君子遇到相同的境遇，都会做出类似的选择，或者逃离，或者死难，都是依据所遇到的境况来应对的。

孔子的学生曾参住在武城时，设教讲学，是一位德高望重的师长，正巧遇上越国人来侵犯鲁国，大家仓皇奔逃。

有人跟曾子说："强盗来了，快跑啊。"曾子说："我正要收拾收拾离开呢。不过我要安排一下，你们留守的人看好了，不要让别人住我的房子，不要毁伤了我的树木。"

等越国的强盗退走了，曾子传话给留守的人说："抓紧修理修理被强盗毁坏的我的墙屋，我要回去了。"等到确认强盗的确退走后，曾子才返回武城。

大家对曾子只顾自己逃难的行为非常不满，议论纷纷。

大家说来说去，最终还是问曾子："先生，武城的大夫平素对待您是何等忠诚和恭敬啊，老百姓也很尊敬您，以您为榜样，修心养德。可是强盗来了，您却自顾自地早早逃离，而不顾及他人，还要我们看护好您的个人财物。您这不是给老百姓立了一个坏榜样吗？等强盗退走后，知道家里安全了，您就想返回武城来，还让我们整修好您的院落。您这次逃难的所作所为好像不是很妥当吧？"

沈犹行听说后，对大家说："情况不是你们所想象的那样。君子有君子的处事原则。从前先生住在我那里的时候，遇到一个叫负刍（chú）的人攻打我。曾子和他随行的七十个弟子都走了，没有人帮忙抵抗。因为当时先生是宾师，和大臣不一样，没有保护国土和君臣的责任。作为宾师，一个没有官职而地位尊贵的人，先生当走则走，这是他做事的原则。"

战国中期，子思居住在卫国的时候，有齐国的军队来进犯。

有人说："强盗来了，先生怎么不快快避难，离开这里呢？"

子思说："如果我孔伋走了，卫国国君和谁一起防守卫国呢？食人俸禄，为人解忧。现在卫国君主危难，百姓危急，正是臣子舍身保卫君王和国家的时候。如果我离开了，的确能保全自身，但是却丢失了作为臣子应有的职责和担当。"

孟子说："曾子、子思所走的道路是一致的。曾子远离祸患，保全自身，子思舍身救国，是因为他们所处的地位不一样，所以处理事情的方式和办法也不一样。

"君子处理事情不是由利害关系来决定的，而是由自己所遵循的大道来决定的。曾子，当时是老师，相当于父兄；子思，当时是卫君的臣，是小官。不管是作为父兄还是作为官吏，由于身份和地位不同，面对国家危难，都要依照自身的职责来处理。如果曾子、子思互换位置，他们也会像对方那样来处理的。"

曾子、子思同道。曾子，师也，父兄也；子思，臣也，微也。曾子、子思易地则皆然。

——《孟子·离娄下》

◎ 译文

曾子、子思所走的道路是一致的。曾子，当时是老师，相当于父兄；子思，当时是卫君的臣，是小官。如果曾子、子思互换了地位也会这样做。

### 知识拓展

1. 有官守者，不得其职则去；有言责者，不得其言则去。我无官守，我无言责也，则吾进退，岂不绰绰然有余裕哉？（《孟子·公孙丑下》）

2. 齐宣王问卿。孟子曰："王何卿之问也？"

王曰："卿不同乎？"

曰："不同；有贵戚之卿，有异姓之卿。"

王曰："请问贵戚之卿。"

曰："君有大过则谏；反复之而不听，则易位。"

王勃然变乎色。

曰："王勿异也。王问臣，臣不敢不以正对。"

王色定，然后请问异性之卿。

曰："君有过则谏，反复之而不听，则去。"（《孟子·万章下》）

## 31. 艺成害师

孟子作为战国时期儒家学派的重要代表,当时的儒生常常向孟子请教问题,与之探讨问题,以此精进学问。

公明仪是曾参的学生,鲁国的贤人。这一天他和孟子讨论收徒和交友的问题。

孟子说:"这两件事儿都和一个人是否有识别他人好坏的能力有很大的关系。"

公明仪说:"请您仔细讲讲。"

孟子说:"夏代有穷国的君主羿是个射箭能手,有个叫逄(páng)蒙的人向他学习箭法,把羿的射箭技术都学到手了。后来,逄蒙想:天下只有羿的箭术超过自己,如果杀了他,我就是天下第一了,还可以得到后羿的妻子和她手里的长生不老药。于是就想办法杀害了羿。"

公明仪说:"我知道这个故事。"

孟子说:"你不觉得这事儿羿自己也有责任吗?"

公明仪问道:"是逄蒙忘恩负义,杀害了自己的老师。好像羿没有什么过错吧?"

孟子说:"只是过错不大,怎么没有过错呢?"

公明仪说:"请先生给我解惑,我不太明白。明明是逄蒙贪财好色,见利忘义,怎么受害的

羿还有责任了呢？"

孟子说："我给你讲讲另一个故事，你就明白了。

"郑国曾经派子濯（zhuó）孺子去侵犯卫国，卫国派庾（yǔ）公之斯去追击他。子濯孺子听说有人追杀他后，伤心地说：'我今天疾病发作，不能开弓放箭，看来我要死在此地了。'可是，转念一想，或许还有转机。他问给他驾车的人：'追赶我们的人是谁？'给他驾车的人说：'是庾公之斯。'子濯孺子一听，开心地说：'我又能活了。'驾车的人说：'庾公之斯，是卫国著名的神箭手，他发箭射您，可是百发百中呀。先生却说又能活了，是为什么呢？'

"子濯孺子说：'庾公之斯的箭术是跟尹公之他学习的。我了解尹公之他这个人，因为他是跟我学的射箭。尹公之他这个人是个正直的人，他交往的朋友必然也是正直的人。'驾车的人不太相信，他还是觉得子濯孺子凶多吉少。俩人说着话的时候，庾公之斯追到了，说：'先生为什么不执弓？'子濯孺子说：'我今天疾病发作，不能开弓放箭。'庾公之斯说：'我是向尹公之他学习射箭的，尹公之他是跟先生学习射箭的，我不忍心用先生的箭法反过来伤害先生您。但是今天的事情，我是奉君主之命，不敢不做。'随后，便取出箭敲击车轮，去掉箭头，射出四箭，然后才回去。"

公明仪恍然大悟，说道："先生的意思我明白了。羿没看出逢蒙是个忘恩负义的人，就收他为徒弟，这就是引火烧身、引狼入室啊。他被逢蒙杀害是因为自己没有识别坏人的能力，才惹来杀身之祸。所以，他自己也有一定的责任。"

孟子说："是啊。我们要培养自己识别好人坏人的能力，不管是收徒还是交友，都要小心谨慎，要选择德才兼备的人才行。"

逢蒙学射于羿，尽羿之道，思天下惟羿为愈己，于是杀羿。孟子曰："是亦羿有罪焉。"

——《孟子·离娄下》

◎ 注释

①逢蒙：五帝帝尧时期一个善于射箭的人。羿的家臣，他曾向羿学习箭法，后来帮助寒浞杀羿。②羿：夏时有穷氏国君，善射箭。

◎ 译文

逢蒙向羿学习箭法，把羿的射箭术都学到了，寻思天下只有羿的箭术超过自己，就杀害了羿。孟子说："这事羿自己也有责任。"

### 知识拓展

可以取，可以无取，取伤廉；可以与，可以无与，与伤惠；可以死，可以无死，死伤勇。(《孟子·离娄下》)

## 32. 齐人骄其妻妾

齐国有一个人,家里有一妻一妾。他每次外出,一定吃得饱饱的,喝得醉醺醺的才回家。

他妻子问他:"和你一道吃喝的是些什么人啊?"

他扬扬得意地说:"卿大夫和士子们啊,他们都是城中有钱有势的人物。"

可是,只见丈夫常常吃饱喝足,醉醺醺回家,却从来没有什么达官贵人到家里来做客。时间长了,妻子怀疑自己的丈夫说谎。

于是,妻子对小妾说:"我们的丈夫外出,总是吃饱喝醉后才回来;问他同什么人吃喝,他说是一些有钱有势的人物。但是,我们从来没见过有什么显贵人物到我们家里来,我怀疑他欺骗我们。我准备偷偷地看看他究竟到了些什么地方,和什么人一起吃吃喝喝。"

第二天清早起来,妻子便尾随在丈夫的后面。可她跟着丈夫走遍整个城,别说有钱有势的人了,就是一般的百姓也没有一个人站住同她丈夫说话。她心里更加疑惑了。

最后,她跟着丈夫一直走到东郊外的墓地。她看到自己的丈夫走近祭扫坟墓的人那里,向人家讨些残菜剩饭来吃。妻子看着丈夫点头哈腰乞讨的样子，心里难过极了，转身就想离开。可是，这个时候，她看到自己的丈夫可能没吃够，又东张西望，诚惶诚恐地跑到别处去乞讨。妻子看着自己的丈夫仓皇奔走，奴颜婢膝地乞讨吃食，心想：这就是他吃饱喝醉的办法啊。妻子泪流满面，哽咽难言，跟跟跄跄跑回家去了。

妻子回到家里，便把自己看到的情况告诉了小妾，说道："丈夫本应该顶天立地，是我们仰望而依靠的人。可是我们的丈夫在外面如此的卑劣下贱，在我们面前却趾高气扬地摆阔气。我们俩还有什么指望呢。"这两个女人痛苦不堪，站在庭院里一边骂，一边伤心地哭泣。

她们的丈夫还不知道妻妾已经知道了自己的底细，他高高兴兴地从外面回来，昂头挺胸，向他的妻妾摆威风，吆喝道："今天和几个卿大夫一起宴饮，忙了一天，累坏了，快给我沏茶。"

在君子看来，有些人所用的升官发财之道、追求富贵腾达的方法，就像这个乞讨的齐国人一样，连自己的妻妾看到后都感到羞耻而伤心欲绝！所以这样毫无廉耻和尊严的生存之道，是大丈夫所不耻不为的。

良人未之知也，施施从外来，骄其妻妾。

——《孟子·离娄下》

◎ 注释

①良人：古时女子对丈夫的称呼，意思近于"郎"。②施施：逶迤斜行。比喻喜悦自得的样子。

◎ 译文

（她们的）丈夫还不知道（事情败露了），高高兴兴地从外面回来，向他的两个女人摆威风。

### 知识拓展

公都子问曰："钧是人也，或为大人，或为小人，何也？"

孟子曰："从其大体为大人，从其小体为小人。"

曰："钧是人也，或从其大体，或从其小体，何也？"

曰："耳目之官不思，而蔽于物。物交物，则引之而已矣。心之官则思，思则得之，不思则不得也。此天之所与我者。先立乎其大者，则其小者不能夺也。此为大人而已矣。"（《孟子·告子上》）

## 33. 顺于父母，可以解忧

万章是孟子比较得意的学生。孟子大概60岁时离开齐国，回到邹国，经常同万章等弟子谈经论道。

有一天，万章问孟子："尧把帝位禅让给舜后，舜已经贵为天子，统领天下了，可是他还到田野里，望着天空哭诉，是什么事让他呼告哭泣呢？"

孟子说："这是他对父母既怨恨又思念的缘故。"

万章说："我常常听人说'得到父母的宠爱，高兴而难忘；被父母厌恶，忧愁而不怨恨'。那么，舜这样对着苍天痛哭，是因为怨恨父母吗？"

孟子说："这事儿之前我们儒家子弟就讨论过了。"

万章问："学生不知，请您说说吧。"

孟子说："曾参的学生公明高有一个弟子叫长息。长息曾经问过公明高：'我听您讲过大舜到田野里，他望着天哭诉是为了父母。可是我不懂，他是因为父母不疼爱他，还是因为太思念父母呢？'公明高说：'你说的都不对，舜的心思不是你能理解的。'"

万章问："弟子也不明白，公明高为什么这么说呀？"

孟子回答道："这是公明高以孝子的心态来体察他人的心思，所以他能知道舜有难言之隐，郁结于心，不能说出来，所以才不能若无其事，淡然处之。舜从小不被父亲和继母疼爱，甚至多次差点儿被父亲、继母和兄弟害死。这都是他不能掌控的，也是他无奈的地方。作为孝子，他想尽力地耕田，恭敬地完成做儿子的职责就好，至于父母不宠爱他，他也没有什么办法。

"帝尧欣赏舜的德行，派他的九个儿子、两个女儿和百官带着牛

羊、粮食，到农田里去侍奉舜。天下的许多读书人也仰慕舜的品格，都去归附他，可见舜的德行得到了天下人的认可。帝尧仔细考察后，把天下禅让给了舜。可是，因为不被父母喜欢，舜就如同穷人找不到归宿一样，就算是得到了天下，也不能解决他心里最痛的那个问题——得不到父母的喜爱的隐痛。"

万章说："弟子没想到这一层意思。"

孟子说："希望能得到天下人的喜欢，是每个人的愿望，舜受到天下人的爱戴，却不能消除他内心的忧愁；喜欢美貌的女子，是每个人的欲望，舜娶了帝尧的两个美丽的女儿后，还是不能消除他内心的忧愁；富裕，也是每个人所渴望得到的，就算是坐在帝位上，拥有了整个天下，也还是不能消除他内心的忧愁；尊贵，也是每个人期望得到的，舜有了身为天子那样的尊荣，也没有消除他内心的忧愁。被士人喜爱，拥有美色、富裕、尊贵等，这些大家渴求却难以实现的欲望和理想，没有一样能消除舜内心的忧愁。"

万章说："我明白了，只有让父母顺心才能消除舜的忧愁。"

孟子说："是啊。但是你没明白的是，舜是大孝之人，刚才所说的权力、美色等欲望都不是孝子终生追求的。

"孝子追求和看重的是终生对父母的思念之情。因为人在少年时，仰慕父母，依赖父母，这是天性；长大后，知道爱好美色了，就思念年轻漂亮的人，这是情欲所致；有了妻子后，就会思念家室，这是家累；入仕做官就会思念君主，得不到君主赏识就会内心焦躁，这是追求功名利禄。以上说的这些，都是人之常情。随着年龄的变化，这些都会变化。只有最孝顺的人才会终生思念父母，这是不变的。到了50岁还思念父母的人，我在舜身上见到了。"

人悦之、好色、富贵，无足以解忧者，惟顺于父母，可以解忧。

——《孟子·万章上》

◎ 译文

被人喜爱、喜好美色、富裕且尊贵，没有一样能消除舜的忧愁，唯有让父母顺心才能解忧。

### 知识拓展

舜视弃天下犹弃敝蹝（亦作"屣"）也。窃负而逃，遵海滨而处，终身䜣（同"欣"）然，乐而忘天下。（《孟子·尽心上》）

（舜把放弃君主的地位看作像是丢掉一双破鞋子一样。偷偷地背着他父亲逃走，跑到别人追不到的海边，终生安然自得，快乐得忘了天下。）

## 34. 得其所哉

万章是《孟子》一书中与孟子问答最多的弟子,与万章问答共有 15 处,其中 9 处是万章对古人行为上的疑问。由此可见,万章是一个喜爱阅读典籍,讨论古代圣贤的处世之道和仁德思想的人。

这一天,万章问孟子:"《诗经·南山篇》说过,'如果想娶妻怎么办?一定要事先报告父母'。舜是一个大孝子,应该没有人比舜更相信这个古训了。可是舜事先没有告诉父母,就娶了妻子,又是什么道理呢?"

孟子答道:"他要是事先告诉了父母,他就娶不成妻子了。男女结合成家,是人和人之间的重大伦常。可是舜一直被父母嫌弃,他的事儿,父母没有不反对的。所以如果舜事先禀告了父母,就娶不成妻子,这个伦常在舜身上便会被废弃了,结果就会怨恨父母,所以舜没有报告父母自己娶妻之事。这样做,没有让自己失去夫妻的人伦,也没有让父母失去父子的人伦。"

万章说:"舜不禀告父母而娶妻,我已经听懂其中的缘故了;帝

尧嫁女儿给舜,也不向舜的父母说一声,又是什么道理呢?"

孟子说:"帝尧也知道舜的家事。他很清楚,如果告诉了舜的父母,他们肯定会百般阻挠,那样就不能把女儿嫁给舜了。他这么做,也是为了成全舜。"

万章说:"我读古籍时发现,有一次舜的父母打发舜去修缮谷仓,等舜上了屋顶,然后撤掉了梯子,他父亲瞽瞍(gǔ sǒu)还放火焚烧谷仓,想把舜烧死,幸好舜设法逃下来了,要不就没命了。于是瞽瞍又打发舜去淘井。俩人一起下到井里,等到瞽瞍从井里一出来,就拿东西死死地盖住了井口,想把舜憋死在井里。幸好舜从旁边的洞穴出来了,又逃过了一难。

"舜的弟弟象也是谋害舜的同谋,甚至可以说是主谋,他说:'谋害舜都是我的功劳,他现在被堵在井里出不来了,我们分一分他的东西吧。牛羊分给父母,仓库里的粮食分给父母,干戈归我,琴归我,雕漆的弓归我,两位嫂嫂让她们侍候我睡觉。'说完,象就走进舜的屋子,却看到舜正安坐在床上弹琴。象慌慌张张地说:'哥哥,我想你想得好苦啊。'不过,象的神色惭愧,有些不自然。舜仿佛没看到一样,心里只想着兄弟之道,忙说道:'我满脑子想着臣子和百姓的事儿。你来了,太好了,就协助我管理他们吧。'我不明白,舜难道不知道象要谋杀他吗?"

孟子说:"怎么会不知道呢?只是作为兄长,他更看重的是兄长要关爱弟弟的兄弟之情。所以,象忧愁,他也忧愁;象高兴,他也高兴。"

万章说:"那么,舜是假装高兴吗?"

孟子说:"不。你还是没有真正明白贤德的舜的心思。我给你讲个故事吧。从前有一个人送了一条活鱼给郑国的子产,子产叫管理池沼的人把鱼养在池塘里,管池沼的人把鱼煮着吃了,却向子产汇报说:'刚放在池塘里,它还要死不活的,过了一会儿,摇摆着尾巴活动起来了,很快就游往水深处找不见了。'子产说:'很好。鱼儿游在水里，它得到它所在的地方了，它得到它所在的地方了。'那人退出后，却对别人说：'谁说子产很有智慧，我已经把鱼煮熟吃了，他还说，鱼得到鱼所在的地方了。'君子光明磊落、宅心仁厚、诚信待人，所以对他们耍些小计谋，他们也都相信。这些可以欺骗他们，但是却不能蒙蔽他们离开仁德的正道。

"君子做事的原则和目的，就是让万物能够各得其所，顺应本性，安然自得。不论怎样的情况，他们都会按照孝悌仁爱之道来处理事情。所以象用敬爱兄长的办法来欺骗舜，舜因为真诚地相信他而感到高兴，怎么能说是假装的呢？"

万章说："我明白了。舜是贤君，日常行为都是遵循孝悌仁德的大道来做事儿，就是得其所哉呀！"

孟子说："是啊。舜一次次遭受最亲近人的伤害，不能得到基本的人伦之乐，但是，他一直坚持人伦之理，敬爱自己的父兄。真是贤人啊！"

故君子可欺以其方，难罔以非其道。
——《孟子·万章上》

◎ 译文

所以对于君子，可以用合乎人情的方法来欺骗他，却难以蒙蔽他离开正道。

知识拓展

舜父瞽叟盲，而舜母死，瞽叟更娶妻而生象，象傲。瞽叟爱后妻子，常欲杀舜，舜避逃；及有小过，则受罪。顺事父及后母与弟，日以笃谨，匪有解。(《史记·五帝本纪》)

## 35. 以意逆志

孟子的一些思想观点都是在回答学生的问题，师生相互问诘、相互讨论时形成的。比如孟子关于读书不能"断章取义""尽信书不如无书"的治学观点，就是回答他的弟子咸丘蒙的时候萌生出来的。

咸丘蒙，复姓咸丘，名蒙。齐国人，祖上是鲁国人。咸丘蒙曾引用《诗经》《尚书》的词句，向孟子请教尧舜的孝道故事、舜和父亲之间的君臣父子关系等。孟子认为，解释诗的人不能拘泥于文字而妨害诗的本意。

咸丘蒙读《诗经》《尚书》入迷了，看到和舜相关的篇章，发现诗文中说的好像和老师平时讲的不太一样。于是，他去找老师请教。

他问孟子："古语说：'道德修养最高的人，君主不能把他当作臣子，父亲不能把他当作儿子。'舜就是这种人。据说舜南面而立当了天子，尧带领诸侯向北面朝见他，他父亲瞽瞍也向北面朝见他。舜见到瞽瞍，神情局促不安。孔子说：'这个时候，天下危险得很啊！'不晓得真是如此吗？"

孟子答道："不，这不是君子所说的，是齐国东郊老百姓的野话。很显然，尧活着的时候，舜并没有做天子，不过是尧年龄大了，让舜代理天子之职罢了。你不是读过《尧典》吗？你说说《尧典》上怎么说的？"

咸丘蒙说："《尧典》上说：'舜代理天子之职二十八年，尧才去世，人们像死了父母一样，服丧三年，老百姓停止了一切音乐。'先生说的对，舜是代理天子的职责，尧不可能来朝见舜。"

孟子说："对呀。孔子还说过：'天上没有两个太阳，人间没有

两个天子。'假若舜真在尧死以前做了天子,同时又带领天下诸侯为尧服丧三年,便是同时有两位天子了。这是不可能的事儿。"

咸丘蒙说:"嗯。因为天下不可能同时有两个天子,所以舜从来没有把尧当成过自己的臣子,这个我已经懂得了。我还有一个疑惑,《诗经·北山》上说:'天下所有的土地,全都是天子的土地;居住生活在土地上的,全都是天子的臣民。'舜既然做了天子,他的父亲瞽瞍也是居住和生活在这片土地上的人,他却没有对舜称臣,这又是什么道理呢?"

孟子说:"《北山》这首诗,不是你所理解的那样,而是说作者本人因为贤能,忙于国事,所以不能够奉养父母。不是说天子可以把他的父亲当臣子来看的意思。

"所以阅读《诗经》、解读《诗经》这些典籍,不能拘泥于文字而误解词句大意,也不要拘泥于词句而误解作者的写作本意。用自己切身的体会去思考、领会诗意,才能得到诗的真谛。

"如果只看词句,《诗经·云汉》说:'周朝剩余的百姓,几乎没有一个存留的。'从字面意思看,如果相信这个话,就等于说周朝没有一个人活下来了。这不是笑话吗?现在我们看到的这些周朝人不是人吗?"

"先生,那舜的父亲不称臣的事儿,是什么道理呢?"咸丘蒙问。

"孝子孝的极点,没有超过尊敬他的双亲的;尊敬双亲的极点,最大也就是拿天下来奉养父母。瞽瞍作为天子的父亲,可说是尊贵到极点;舜以天下来奉养他,可说也是达到儿子奉养父母的极点了。《尚书》上说过:'舜恭敬小心地来见瞽瞍,态度谨慎恐惧,瞽瞍也就相信舜的诚心。'父子也就和睦相处了。这怎能说是'父亲不以他为子'呢?瞽瞍不仅相信舜的孝心,而且被舜感化,依照父子的人伦之理来行事了。"孟子回答。

所以读书要用心思考,不能只看字面意思就猜测作者的真实想法,要通过字面意思体会作品的主旨,真正领悟作品的理念和思想。

gù shuō shī zhě　bù yǐ wén hài cí　bù yǐ cí hài
故 说 诗 者,不 以 文 害 辞,不 以 辞 害
zhì　yǐ yì nì zhì　shì wéi dé zhī
志。以 意 逆 志,是 为 得 之。

——《孟子·万章上》

◎ 译文

所以解说《诗经》的人,不能因为文字误解语句,不能以语句误解原作主旨。要用自己的思考去领会诗意,才能得到诗的真谛。

## 知识拓展

1. 尽信《书》,则不如无《书》。吾于《武成》,取二三策而已矣。(《孟子·尽心下》)

2. 夫缀文者情动而辞发,观文者披文以入情,沿波讨源,虽幽必显。(刘勰《文心雕龙·知音》)

## 36. 金声玉振

儒家尊崇的圣贤有伯夷、伊尹、柳下惠等。但是孟子认为，这些人虽然都是圣贤，但只有孔子是博采众长的圣人。为什么这么说呢？

先说说伯夷。伯夷是商纣王末期孤竹国君主的长子，是王位的第一继承人。可是孤竹君想让伯夷的三弟继承王位。伯夷为了满足父亲的心愿，就逃走了。周王朝建立后，伯夷觉得自己是商王朝的人，就拒绝吃周王朝的饭，最后饿死在首阳山。

孟子说："伯夷这个人，眼睛不看丑恶的色彩；耳朵不听丑恶的声音；不是他理想的君主，不侍奉；不是他信任的民众，不去使唤；天下太平，就出来做事；天下混乱，他就退避隐居。施行暴政的国家和有横暴放纵的民众居住的地方，他都不去那里居住。他以为和乡下人相处，就像穿戴着上朝的衣帽坐在污泥炭灰之中一样。在商纣王的时候，他住在北海的海边，以等待天下能够清明。所以，听说了伯夷这种风范后，贪得无厌的人也会变得清廉，懦弱的人也会有独立不屈的意志。"

再说伊尹（yī yǐn）。姓伊，名挚（zhì），"尹"不是名字，而是"右相"的意思。伊尹辅助商汤灭了夏朝，为商朝的建立立下汗马功劳。伊尹辅佐了商朝的商汤、外丙、仲壬、太甲、沃丁五代君主50余年，对商朝的发展壮大做出了巨大的贡献。

孟子说："伊尹自觉地把管理天下当作自己的责任。他说过：'只要是自己侍奉的都是自己的君主，没有不可侍奉的君王；只要是能使唤的都是自己的子民，没有不能使唤的民众。'因此天下太平，他出来做官；天下混乱，他也出来做官。伊尹还说：'上天生育这些民众，使先明理的人启发后明理的人，使先觉悟的人启发后觉悟的人。我是上天生育的民众中率先觉悟的人，我要用尧、舜之道来启发上天所生的民众。'所以他认为：在天下的百姓中，只要有一个男子或一个妇女没有得到尧、舜之道的启发，就好像是自己将他们推进水沟中一样。伊尹就是这样自愿把天下的重担挑在肩头的。"

最后说说柳下惠。柳下惠，姓展，名获，谥号是"惠"，因为他出生在周朝鲁国的柳下这个地方，所以后人尊称他为"柳下惠"。柳下惠在鲁国做士师时，因为生性耿直，不刻意逢迎，坚持做人的原则，接连3次受到黜免。

孟子说："柳下惠不觉得侍奉贪官污吏是耻辱，不会因官职小而觉得卑贱。立于朝廷，不隐藏自己的才能，但一定按他的原则办事。自己被冷落、遗弃，也不怨恨；处于困窘之境也不自我怜悯。与乡里的农民相处很随意，高高兴兴地不忍离开。他说：'你是你，我是我，你纵然在我旁边赤身露体，又怎么能迷惑沾染着我呢？'所以听说柳下惠风范的人，狭隘的人变得宽容，刻薄的人变得厚道。"

那么，孟子眼里的孔子是怎样的呢？

孟子说："孔子离开齐国时，急匆匆赶路，端着滴答着水的米狂奔而走；离开鲁国时，孔子对弟子说：'我们慢慢地走吧，故土难离呀，走得慢一些，再慢一些吧。这是离开父母之国的态度。'孔子觉得应该马上走就马上走，应该缓慢就缓慢，应该不做官就不做官，应该做官就做官，这便是孔子应急而变的行为方式。"

所以孟子说："伯夷这个人，是圣贤中清高的人；伊尹这个人，是圣贤中有责任感的人；柳下惠这个人，是圣贤中随和的人；孔子这个人，是圣贤中能够因时而变的人。孔子，可以称他为集大成者。

"所谓集大成者，就好比演奏音乐时先敲镈（bó）钟，最后用特磬（qìng）收尾，以钟发声，以磬收韵，从始至终，音韵响亮、和谐、前后贯通，大音小音，无所不备，合众小成而成为大成。这就好比孔子的智慧、德行、修养达到无所不包的境界。

"细细说来，大概就是先敲镈钟，是节奏旋律的开始，是智的体现；用特磬收束，是节奏旋律的终结，是圣的体现。智，就好比技能；圣，就好比力量。这就像在百步之外射箭，射到，是你的力量；射中，靠的就不仅是你的力量，还要靠你的技能。

"巧力兼备，智圣结合才能圆融贯通。孔子之道如同元和之气，博采众长而不偏颇，所以才是集大成者。"

jí  dà  chéng  yě  zhě    jīn  shēng  ér  yù  zhèn  zhī  yě
**集 大 成 也 者，金 声 而 玉 振 之 也。**

——《孟子·万章下》

◎ 译文

所谓集大成者，就好比演奏音乐时敲击钟起而磬落，从始至终，音韵响亮、和谐。

### 知识拓展

1. 《诗》有之："高山仰止，景行行止。"虽不能至，然心向往之。（司马迁《史记·孔子世家》）

2. 子贡曰："譬之宫墙。赐之墙也及肩，窥见室家之好。夫子之墙数仞，不得其门而入，不见宗庙之美，百官之富。得其门者或寡矣。"（《论语·子张》）

## 37. 人性善恶论

战国时期不仅征战频繁,而且这个时候的战争导致很多人丧失性命。

当时各诸侯国"争地以战,杀人盈野;争城以战,杀人盈城"(《孟子·离娄上》),也就是说,为了争夺一块地盘,杀掉的人就遍布田野;为了争夺一个城池,杀掉的人就遍布全城,这是多么惨烈的景象呀。可是当时有的人不仅不悔改,还以杀人为乐。各诸侯国的国君"未有不嗜杀人者也"(《孟子·梁惠王上》),也就是说当时的当权者都爱好杀人。

面对这样的社会现实,引发了一些有识之士对于人性的思考。他们想:人到底是生来就是嗜杀的,还是受后天环境影响才变得嗜杀的呢?

人性问题是一个非常大的哲学问题,大家议论纷纷,各有各的说法。

孟子和他的弟子们也在思考这个问题。传说孟子的弟子告子和孟子在人性善恶问题上意见就不一样。告子主张人性没有善恶的区

分，孟子主张人性善，他们常常进行辩论。孟子和弟子之间就是这样坦诚相待，互相促进，互相学习。师徒之间这种孜孜不倦追求真理的精神非常值得我们学习。

他们师徒是怎么辩论这个问题的呢？

告子说："先生，我还是不能认同您'人性善'的看法。我觉得人性就好比是急速流动的水流一样，流水猛烈地冲刷着河岸，要是在东边冲开缺口，它就会向东边流；要是在西边冲开缺口，它就会向西边流。所以您看，人性就像是这奔流的流水，说不准是冲破东岸还是西岸，没有一个定向，也就是没有善不善之分。"

孟子想：行啊，告子，有进步，知道用比喻的方法说明自己的看法了，那我就继续顺着你的说法说下去。

孟子说："就照你说的这样，急速流动的水流确实没有向东流还是向西流的定向，难道也没有上流、下流的定向吗？"

孟子这一问，把告子问愣住了。告子支支吾吾说不出话来。

"人们常说：人往高处走，水往低处流。这是人之常情，自然规律。所以，我说人的本性是善良的，就好比是水顺应自然的规律，天生就是向下流淌一样。"孟子也用了比喻的方法来回答告子的问题。

老师就是老师，孟子继续引导告子说："你说人无善恶之分，可是为什么现在有的国君嗜杀成性呢？就说我们熟悉的齐鲁两国吧，几十年来，大大小小的战争也有30多次了；吴楚两国的征战也有20多次；秦晋之间也接近20次了。这些征战中有多少人丧命了？那么这些国君和将士的人性是善还是恶呢？"

告子嘟囔道："这么说来，这些人的人性应该是恶的吧？可是这么多当权者的人性怎么都是恶的呢？"

孟子说："还是用你说的比喻来说吧。如今人们不是向善而行，是反向而做，所以也就有了人的各种恶。就像水，被击打就可以溅得很高，甚至可以让它反流，高过人的额头；堵塞水道就可以让它倒流，甚至可以使它倒流到山顶上。你想想，这是水的本性吗？拍打它、堵塞它，这都是人为的。同样，本性善良的人居然都向恶而行了，也是人为原因造成的。时代、环境等改变了人本来的天性，使人变得无所不为了。"

告子说："先生也太危言耸听了吧，人的本性哪是这么容易改变的！"

孟子说："你饿了好几天了，好不容易得到一碗米粥，刚要喝一口，就被旁边的人抢走了。这个人要是吃饱喝足了，他会干出抢你米粥这样的事儿来吗？"

告子说："一般不会。"

孟子说："那他为什么要抢你的饭呢？"

告子说："最大的原因可能是他也饿了好几天了，要不好好的，怎么会做出强盗的事儿呢？"

孟子说："这就对了。人和动物的区别就在于人有仁、义、礼、智、信这些纯正的品格，我们所说的人性的'性'指的就是这些品格特点。所以，我说人是万物之灵，人性本善。但是环境变化之后，人能不能坚守自己的美好品行，就不好说了。粮食丰收的年岁，老百姓生活有保障，所以多行善事，大家也会相互礼让；灾害之年，老百姓挨饿受冻，甚至有的人家还会卖儿卖女。老百姓为了生活抢掠争斗，所以大多数人都变得凶暴。

"同样的，统治者能保证社会稳定，使老百姓安居乐业，烧杀抢掠的事儿自然就不多见。可是我们生活在这样一个礼崩乐坏的乱世，诸侯国国君和将士争夺土地城池，为利益所驱使，造成血流成河，百姓锐减的局面。人们的本性遭到毁伤，大家都不再遵从仁义道德，才会出现嗜杀成性的现象。你好好想想吧，带领天下人来祸害仁义，造成百姓流离失所的，就是那些人无善恶论、人性本恶论、人性可恶可善论等的倡导者。"

人性之无分于善不善也,犹水之无分于东西也。

——《孟子·告子上》

◎ 译文

人性没有善不善之分,就好比水的流向没有东西方的定向一样。

## 知识拓展

1. 关于告子的几种说法

关于告子,主要有以下几个不同的说法:

说法一:告子是东周战国时的思想家,曾受教于墨子,有口才,讲仁义。《墨子·公孟篇》中记载了有关告子的三个故事:"告子言谈甚辩"(长于言谈理论),"告子胜为仁"(能胜任行仁义的事),"我能治国为政"(有雄才大略)。

说法二:告子是孟子的学生。东汉经学家赵岐考证过,告子是孟子的弟子。

说法三:告子本人无著作流传,因此也有人认为他是杜撰出来的一个人。

2. 古代关于人性善恶问题的代表性观点

在人性问题上,中国古代思想家主要有以下几种观点:性善说(孟子),性恶说(荀子),性无善恶说(告子),性兼善恶说(周人世硕、董仲舒、杨雄、王充等),天地(命)之性与气质之性说(张载、朱熹)等。

## 38. 一曝十寒

齐国是战国时期东方六国中比较强大的一个诸侯国。当时,齐国的稷下学宫也聚集了大批有识之士。孟子游历到齐国时,齐宣王对孟子很尊敬,并聘孟子为客卿。虽然是这样,齐宣王仍然没能带领齐国君臣雄霸一方。

关于这个问题,孟子和他的弟子也曾经讨论过很多次,甚至当时的人也对孟子的行为产生了质疑。有的人不理解孟子,齐宣王为他提供了房屋、俸禄,还号召齐国君臣向孟子和他的弟子们学习,可是孟子还是没有好好辅佐齐宣王,辞官回邹国了。所以有人问他:"你是不是觉得齐宣王不够明智才离开的?"

孟子说:"齐国的政治环境不够清明,围绕在齐宣王左右的贤臣不多,无德无能之人却不少。齐宣王经常受这些人的影响,处理国事不太明智就没有什么奇怪的了。所以,齐宣王不值得辅佐。"

有人问:"齐宣王也算是励精图治,有理想的诸侯王了。怎么就不值得辅佐了?"

孟子说:"我跟你们说说,你们就明白了。要想成就伟大的事业,可不是花费一天两天时间就能实现的,要有持之以恒、艰苦奋斗的精神才有希望。

"齐宣王年纪轻轻，有足够的精力和体力成就大业。

"可是伟大的事业需要集体同心协力合作，有时候仅靠一个人的力量是不行的。就算是天下生命力很强的东西，也需要精心养育，阳光充足，水分充足才能生长旺盛。可是如果把它在阳光下晒一天，再放在阴寒的地方冻10天，别说生长茂盛了，能不能成活都不一定呢。

"君王的贤德也是如此，要有忠臣贤人朝夕熏陶，才能养善成德，日益圣明。可是现在我跟齐宣王在一起的时间很短，君王即使有了一点从善的决心，等我一离开，那些卑劣之人又来哄骗他，引诱他。他和卑劣之人在一起的时间，比和我在一起的时间长久，齐宣王愿意经常和他们讨论国家大事，所以受他们的影响更大。这就像生物一样，一曝（pù）十寒，是活不成，活不好的。所以说我无能为力，帮不上他。"

大家还是觉得孟子没有竭尽全力帮助齐国，不应该离开齐国，因此说道："依先生您的博学和雄辩能力，那些人是比不上您对齐宣王的影响力的。"

孟子说："这就是更可悲的地方。虽然我一心想以仁政辅佐君王，可是能不能专心听信我的劝说，在于君王啊。虽然齐宣王也想做一代明君，但是他的意志不够坚定，他好像更信任那些人，更愿意专心致志听从他们的言论，和我讨论政事的时候，总是三心二意。

"我们都知道弈秋是全国最善下棋的能手。他教了两个徒弟，其中一个专心致志，处处听弈秋的指导，认真学棋、练棋；另一个人呢，虽然好像也在听讲，可是他脑子里总想着天上会有大雁要飞过来，想着怎样拿弓箭去射它，想着烤肉的味道会有多么鲜美。因为他总是胡思乱想，心不在焉，老师的讲解一点也没听进去。

"结果，虽然两个徒弟拜同一个老师，是一个老师教的本领，每天一起学习，可学习的效果却大不一样。一个成了棋坛高手，一个却没学到什么本事。你们认为这是后一个人的聪明才智不如前一个人吗?"

大家说:"当然不是这样的,是后一个人不够专心致志的缘故。"

孟子说:"齐宣王也是这样啊,他天资聪颖,也有向善之心,但是他不愿意认真地、专心地听从我的意见。其他人的言论填满了他的耳朵,动摇了他的心志,我的思想对他也就不起作用了。所以我不愿意辅佐他,才辞别他离开齐国的。我也想好好辅佐圣君,但是,齐宣王这样,我也左右不了他,我是不得已而为之啊。"

虽有天下易生之物也,一日暴之,十日寒之。未有能生者也。

——《孟子·告子上》

◎ 注释

①暴:通"曝",晒。

◎ 译文

即使是最容易生长的东西,晒一天,冻十天,也不可能生长。

## 知识拓展

虽存乎人者,岂无仁义之心哉……人见其禽兽也,而以为未尝有才焉者,是岂人之情也哉?故苟得其养,无物不长;苟失其养,无物不消。孔子曰:"操则存,舍则亡;出入无时,莫知其乡。"惟心之谓与?(《孟子·告子上》)

## 39. 舍生取义

选择是我们常常遇到的难题，有选择就必须有选择的标准，我们到底该用什么标准和原则做出选择呢？孟子选择的标准是什么呢？能不能给我们启迪呢？

孟子说："现在有鱼和熊掌在我面前，我只能选一样。鱼是我所想要的，熊掌也是我想要的，可是我不能同时都要，我就牺牲鱼，要熊掌。因为熊掌比鱼珍贵多了。"

从这个选择看，孟子选择的标准之一是看哪一个更珍贵。

孟子又说了："生命是我所喜欢的，义也是我所喜欢的。如果两者不能同时拥有，我就牺牲生命，而要义。"

从这个选择看，孟子认为义比生命更珍贵。这是为什么呢？他为了义连命都不要了吗？

孟子说："如果人们最想要的东西是生命，生命成了人们最重要、最珍贵的东西了，那么所有求生的手段，人们都会用。如果人们最厌恶是死亡，那么，一切可以避免祸害的手段，大家都会去尝试，这就叫不择手段。可是，有时候我们光想想就觉得很可怕，因为有的手段是非常卑鄙的。

"有人为了自己的私情、私利，不顾礼义廉耻，凡是能够偷生免死、谋取私利的手段都会用。

有的人虽然也热爱生命，也热爱美食，但是他们有时候宁愿自己受尽折磨，甚至是牺牲生命也不去做苟且之事。因为他们有更想要的东西，这种东西比生命还珍贵，那就是义。他们有更厌恶的东西，这种东西比死亡还可怕，那就是没有廉耻地活着。

"大家以为只有贤能的人有这样的心思。其实我们人人都有向善之心，只不过贤人没有丧失本性，不会沉溺于利益中不能自拔，能保持住纯真善良的本性罢了。"

所以孟子认为人不光是为了肉体活着，还要为灵魂活着，还要有自己的坚持和操守，那就是大义。

孟子说："现在有一小筐饭，一小碗汤，如果得到它就可以活下去，得不到它就会死去。如果是大声呵斥着给别人，路上的行人都不会接受；如果是脚踏过再给别人，就是乞丐也不屑于要。

"然而现在竟有人面对万钟厚禄，却不问怎么来的，不管是否合于礼义，就贸然接受了。仔细想想，要是不义之财，说不定会惹来杀身之祸。为了这点儿财物，可能会丢了性命，这样无原则的选择太可怕了。"

孟子说："有的人之前几乎要饿死了，也不接受嗟来之食，现在却为了华丽的宫室、妻妾的侍奉和贫苦人的感激而接受厚禄。这都是迷失了本性的行为，该停止了。君子要自省其身，不可大意，不仅仅是在危难之时需要保持羞恶之心，在安逸时更要省察自我，保持大义。"

所以，孟子的选择标准最重要的是要有羞恶心，不能为了利而忘了义。人们都是喜欢活着，不愿死去。但是如果贪生怕死，丧失尊严，苟且偷生，是孟子所不取的。要活得大义凛然，浩气长存，铮铮铁骨。"生的伟大，死的光荣"，这就是舍生取义的君子所追求的生活境界。

<ruby>生<rt>shēng</rt></ruby> <ruby>亦<rt>yì</rt></ruby> <ruby>我<rt>wǒ</rt></ruby> <ruby>所<rt>suǒ</rt></ruby> <ruby>欲<rt>yù</rt></ruby> <ruby>也<rt>yě</rt></ruby>，<ruby>义<rt>yì</rt></ruby> <ruby>亦<rt>yì</rt></ruby> <ruby>我<rt>wǒ</rt></ruby> <ruby>所<rt>suǒ</rt></ruby> <ruby>欲<rt>yù</rt></ruby> <ruby>也<rt>yě</rt></ruby>；<ruby>二<rt>èr</rt></ruby> <ruby>者<rt>zhě</rt></ruby> <ruby>不<rt>bù</rt></ruby> <ruby>可<rt>kě</rt></ruby> <ruby>得<rt>dé</rt></ruby> <ruby>兼<rt>jiān</rt></ruby>，<ruby>舍<rt>shě</rt></ruby> <ruby>生<rt>shēng</rt></ruby> <ruby>而<rt>ér</rt></ruby> <ruby>取<rt>qǔ</rt></ruby> <ruby>义<rt>yì</rt></ruby> <ruby>者<rt>zhě</rt></ruby> <ruby>也<rt>yě</rt></ruby>。

——《孟子·告子上》

◎ **译文**

生是我想要的，义也是我想要的；但这两样东西不可能同时得到，那就舍弃生命而选取义。

**知识拓展**

1. 天下有道，以道殉身；天下无道，以身殉道。未闻以道殉乎人者也。(《孟子·尽心上》)

2. (文)天祥临刑殊从容……其衣带中有赞曰："孔曰成仁，孟曰取义，惟其义尽，所以仁至。读圣贤书，所学何事，而今而后，庶几无愧。"(《宋史·文天祥传》)

3. 吾以备位将相，义不得不殉国……义之所出，心之所安，祖宗之所享，鬼神之所依也。(《文山先生全集》之《狱中家书》)

## 40. 君子三乐

孟子说人生在世，有三种令君子快乐的事情，为多数人所追捧的"称霸天下，为君为王"却不在其中。

孟子说的人生三乐到底是什么呢？

第一乐是"天伦之乐"。父母、兄弟都在，而且身体健康，没有遭受灾患。天伦之乐，不可强求获得，不是人力勉强就能得来的，需要仰仗天意。所以君子特别珍惜这一乐，把这个看作是人间至乐。

第二乐是"躬身之乐"。君子光明坦荡，行事问心无愧。每次躬身自问时都可以上无愧于天，下无愧于人，胸怀磊落、快意自得。这是自我修为之乐。

第三乐是"育人之乐"。君子满腹才学，能够教育士子，感化他人，为国家培养治国栋梁，如同时雨般教化百姓，服务于国家和社会，实现济助天下的理想。这是君子学有所成的奉献之乐。

孟子说"君子有三乐，而王天下不与存焉"。君子的这三乐都和称王于天下无关。

一般人总觉得能当君王应该是人生最大的乐事了，其实那是世俗的想法。有时候权力未必能让人感到快乐。因为一旦称霸天下，谋取君位，不见得能获得真正的快乐。如果是贤君，就会诚惶诚恐，时时以

天下为念，不敢有丝毫偷安。哪有心思去享受除了治理天下这个事儿之外的快乐呢？如果是不贤之君，整天沉溺于权力、物欲的满足中，不能好好治国安民，最终必定会天怒人怨，万民不安，内忧外患，民不聊生。天天有大臣指责，百姓告状，就算吃着山珍海味，又怎么能得到真正的快乐呢？

其实孟子所说的三乐，是有先后顺序的。

"父母俱存，兄弟无故"是根基，是第一乐，也是人间至乐。其中"父母俱存"指可以有机会奉养双亲，奉养双亲是实现儒家"仁"的思想的根本。"兄弟无故"指兄弟都健康平安，这样可以遵从兄长，遵从兄长是儒家"义"的基础。所以"父母俱存，兄弟无故"，不仅是"天伦之乐"，更是儒家实现"仁"的理想的根基所在。这也是孔子所说的"君子务本，本立而道生。孝悌也者，其为仁之本与"！

其次是自我修为之乐，也就是孟子所说的"吾善养吾浩然之气"。君子恪遵仁、义、礼、智，心地坦然；日常生活也是胸怀坦荡，光明磊落，每天活得心底无私天地宽，可称得上是一个顶天立地的豪杰。个人的修为达到坦坦荡荡的境界，无愧于黎民苍生、天地父母，这是君子身心合一的美好境界。所以自我修为是第二乐。

第三乐就是能够倾其所学，教书育人。自己的道德学问圆融贯通、名扬天下，本来就是让人非常愉悦的事了。如果天下聪明智慧的人都愿意来到自己的门下，向自己学习，能够"得天下英才而教育之"，为天下多多培养栋梁之材，这是多么快乐的事呀。就像孔子收徒三千，有贤者七十二那样，这也是可遇不可求的事。师生教学相长，相互砥砺，既和个人的修为有关，也取决于别人的选择。所以教书育人排在君子的第三乐。

君子有三乐，而王天下不与存焉。父母俱存，兄弟无故，一乐也。仰不愧于天，俯不怍于人，二乐也。得天下英才而教育之，三乐也。君子有三乐，而王天下不与存焉。

——《孟子·尽心上》

◎ 注释

① 怍：惭愧。

◎ 译文

君子有三种快乐，但是称王于天下并不在其中。父母都健康，兄弟没灾患，是第一种快乐；抬头无愧于天，低头无愧于人，是第二种快乐；得到天下优秀人才而对他们进行教育，是第三种快乐。君子有三种快乐，但是成就霸业、一统天下并不在其中。

◎ 知识拓展

1. 天伦之乐是"仁"之实

"仁之实，事亲是也；义之实，从兄是也；智之实，知斯二者弗去是也；礼之实，节文斯二者是也；乐之实，乐斯二者，乐则生矣；生则恶可已也，恶可已，则不知足之蹈之手之舞之。"（《孟子·离娄上》）

"事,孰为大?事亲为大;守,孰为大?守身为大。不失其身而能事其亲者,吾闻之矣;失其身而能事其亲者,吾未之闻也。孰不为事?事亲,事之本也;孰不为守?守身,守之本也。"(《孟子·离娄上》)

2. 求取三乐的原则

朱熹《孟子集注》说:"此三乐者,一系于天,一系于人,其可以自致者,惟不愧不怍而已。"也就是说,这三乐,一乐取决于天意,三乐取决于他人,只有第二种快乐才完全取决于自身。因此,我们努力争取的也是这第二种快乐,也就是自我修炼,日益精进。

"求则得之,舍则失之,是求有益于得也,求在我者也。求之有道,得之有命,是求无益于得也,求在外者也。"(《孟子·尽心上》)